REVUE

DE

L'EXPOSITION

UNIVERSELLE

PAR ÉDOUARD GORGES

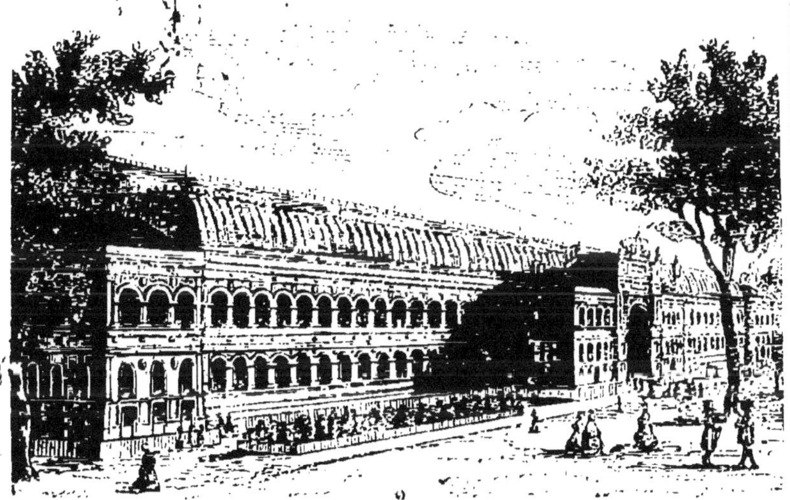

2

Prix : 50 centimes

PARIS
FERDINAND SARTORIUS, ÉDITEUR
9, RUE MAZARINE, 9

1855

REVUE DE L'EXPOSITION UNIVERSELLE

Sommaire des trois livraisons qui paraîtront chaque mois.

SOMMAIRE DE LA PREMIÈRE LIVRAISON

Qu'est-ce que l'industrie? — Histoire des Expositions depuis l'an VI jusqu'en 1855. — Décrets. — Le Palais de l'Industrie. — Annexes. — Inauguration. — Noms et biographies. — Pièces officielles. — Avis. — Renseignements.

BEAUX-ARTS FRANÇAIS.

PEINTURE. — GRAVURE. — LITHOGRAPHIE. — PHOTOGRAPHIE. — SCULPTURE. — GRAVURE ET MÉDAILLES. — ARCHITECTURE.

BEAUX-ARTS ÉTRANGERS.

PEINTURE. — GRAVURE. — PHOTOGRAPHIE — SCULPTURE. — BEAUX-ARTS COMPARÉS.

MINES ET MÉTALLURGIE.

FONTES ET FERS. — Minerais de plomb, de zinc, d'antimoine, de bismuth, d'étain, de mercure, de nickel.

MÉTAUX PRÉCIEUX. — Argent. — Platine. — Palladium.

MONNAIES ET MÉDAILLES. — Préparation des métaux et des alliages monétaires. — Essai des monnaies. — Collection de monnaies et de médailles.

PRODUITS MINÉRAUX NON MÉTALLIQUES.

Extraction et traitement des minerais de manganèse, d'arsenic et de soufre, — d'alun, — sel marin, — pierres lithographiques.

Marbres. — Albâtres. — Spath fluor. — Malachite. — Lapis-lazuli. — Pyrites. — Jais et ambre jaune, etc.

Extraction des pierres précieuses. — Diamant. — Rubis. — Saphir. — Topaze. — Emeraudes orientales. — Grenats. — Turquoises, etc.

CHASSE. — PÊCHE. — ART FORESTIER. — INDUSTRIE FORESTIÈRE.

Statistique : documents généraux. — Matières colorantes, odorantes, tannantes, employées dans la pharmacie. — Extraction des cendres, potasses, gommes, résines. — Goudrons. — Sucres, etc.

Chasse des animaux terrestres et des amphibies. — Chasse des gibiers. — Armes, pièces, engins. — Fourrures. — Cuirs. — Cornes. — Ivoire. — Ecailles.

Pêche de cétacés, — des poissons de mer. — Equipements et engins divers de la grande et de la petite pêche. — Pisciculture.

Récoltes des produits obtenus sans culture. — Caoutchouc. — Gutta-percha. — Camphre. — Benjoin. — Cire. — Soudes. — Parfums, etc.

AGRICULTURE.

Statistique et documents généraux. — Engrais. — Dessèchements. — Drainage. — Irrigations.

BIBLIOTHÈQUE MODERNE

REVUE
DE
L'EXPOSITION UNIVERSELLE

PAR

ÉDOUARD GORGES

Vingt livraisons à 50 centimes, avec des gravures

TROIS LIVRAISONS PAR MOIS

Le succès immense et mérité qu'obtient aujourd'hui l'Exposition universelle, succès qui a surpassé les plus légitimes espérances, doit nécessairement donner à tout le monde le désir de posséder une analyse exacte et fidèle de cette mémorable lutte de l'industrie et de l'art chez tous les peuples civilisés du globe.

En effet, quand on a été assez heureux pour jouir du magnifique spectacle que nous offrent le Palais de l'Industrie et le Palais des Beaux-Arts, on doit rechercher avidement tout ce qui nous en rappelle le souvenir.

Le public a déjà pu apprécier notre indépendance et notre impartialité ; nous avons cherché à rendre aussi fidèlement que possible les impressions de notre esprit, et nous soumettons au public les objets qui ont plus particulièrement attiré notre attention.

Chaque branche d'industrie formera la matière d'une livraison séparée.

Nous prendrons la science à son début, nous constaterons ses différents progrès, et nous examinerons, en les comparant, les produits chez toutes les nations admises à notre Exposition.

Par les livraisons déjà publiées jusqu'à ce jour, le public peut se convaincre de la fidélité avec laquelle nous avons rempli le programme que nous nous étions tracé.

SOMMAIRE

PREMIÈRE LIVRAISON. — Le Palais de l'Industrie.

Histoire des Expositions antérieures. — Biographies des hommes utiles. — Pièces officielles, etc. — GRAVURES : Façade du Pavillon central. — Plan du Palais de l'Industrie.

DEUXIÈME LIVRAISON. — Les Beaux-Arts français.

Ingres. — Delacroix. — H. Vernet. — Meissonnier. — Couture. — Diaz etc., etc. — GRAVURES : Palais des Beaux-Arts. — Plan.

TROISIÈME LIVRAISON. — Beaux-Arts étrangers.

Angleterre. — Allemagne. — Belgique. — Suède et Norwége, etc., etc. — GRAVURES : Annexe des machines. — Plan des Champs-Élysées.

QUATRIÈME LIVRAISON. — Agriculture.

Considérations générales. — Drainage. — Instruments de culture. — Machines à faucher et à moissonner, etc., etc. — GRAVURES : Machine à fabriquer les tuyaux de drainage. — Machine à moissonner.

CINQUIÈME LIVRAISON. — Orfévrerie, Bijouterie.

Profession de foi. — Conseils aux étrangers. — Galvanoplastie. — Diamants de la couronne. — Le Chapeau de Mgr le duc de Brunswick, etc., etc. — GRAVURES ; Exposition Mayer et Riester.

SIXIÈME LIVRAISON. — Bronzes d'Art.

Visite de la reine d'Angleterre à l'Exposition. — Fête de Versailles. — Industrie des bronzes d'art. — Procédés de fabrication, etc., etc. — GRAVURES Portraits de la reine Victoria, de l'Empereur. — Pendule de Denière.

SEPTIÈME LIVRAISON. — Bronzes d'Art (Suite).

Départ de la reine d'Angleterre. — Description des produits des fabricants de la France, de l'Angleterre et de l'Autriche, etc., etc. — GRAVURES : Portraits du prince Albert, de l'Impératrice. — Surtout Boyer.

Les livraisons suivantes contiendront l'ameublement, les papiers peints, la céramique, les Gobelins, etc., etc.

Les machines, les belles soieries et mille autres objets, viendront ensuite; nous ferons notre possible pour que rien ne nous échappe; alors nous aurons résolu le problème de donner en VINGT LIVRAISONS une véritable Encyclopédie des Arts, des Sciences et de l'Industrie au dix-neuvième siècle.

Pour jeter quelque variété dans cette Revue, nous avons joint à la description des objets exposés la chronique des principaux événements et le tableau toujours nouveau, toujours changeant, que Paris offre à l'œil de l'observateur, surtout pendant l'Exposition.

Outre l'intérêt de la lecture, la REVUE DE L'EXPOSITION renfermera des documents précieux pour tous les esprits que préoccupe si vivement aujourd'hui le développement des Arts et de l'Industrie.

CONDITIONS DE LA SOUSCRIPTION

Le prix de chaque petit volume (72 pages, édition diamant, in-18 raisin, avec gravures explicatives, impression et papier de luxe) est de CINQUANTE CENTIMES pour Paris, de SOIXANTE-CINQ CENTIMES pour les départements.

La collection (20 livraisons) coûtera DIX FRANCS pour Paris, DOUZE FRANCS pour les départements.

DIX livraisons envoyés franco à domicile à PARIS, CINQ fr.; pour la PROVINCE, six fr.

Les livraisons 1 à 5 sont déjà réunies en un joli volume qui sera conservé avantageusement dans chaque bibliothèque. Son prix est de 2 fr. 50 cent.; pour la province, *franco*, par la poste, 3 fr. Il contient 10 gravures.

Les 20 livraisons de la *Revue de l'Exposition* formeront ainsi quatre volumes de 1500 pages avec 40 gravures, au prix de 10 fr. à Paris, et pour la province, *franco*, par la poste, 12 fr.

Tous les Souscripteurs à l'ouvrage entier recevront en PRIME GRATUITE une grande et belle lithographie, SOUVENIR DES CHAMPS-ÉLYSÉES en 1855.

Pour recevoir la prime *franco* dans tout le parcours des Messageries CAILLARD et Ce, ajouter UN fr., soit TREIZE fr. pour l'abonnement des 20 livraisons et la prime *franco* à domicile.

Adresser les mandats à M. FERD. SARTORIUS, éditeur de la *Revue de l'Exposition universelle*, rue Mazarine, 9, au bureau du *Dictionnaire de la Conversation*.

NOTA. *MM. les Exposants sont priés d'envoyer* franco *les notes sur leurs produits, pour faciliter le travail du rédacteur.*

LA REVUE
DE
L'EXPOSITION UNIVERSELLE
OFFRE EN PRIME GRATUITE

A SES ABONNÉS

Une admirable lithographie sortant des ateliers de Lemercier,

INTITULÉE

SOUVENIR DES CHAMPS-ÉLYSÉES
en 1855

Les personnes qui auront visité l'Exposition constateront l'admirable fidélité de nos dessins; les autres, moins heureuses, pourront se faire une idée complète et fidèle du spectacle merveilleux que Paris offre en ce moment aux étrangers accourus de tous les points du globe.

Le panorama général est divisé en cinq parties, formant chacune le sujet d'un cadre séparé.

La première, au-dessous, représente une vue à vol d'oiseau de la place de la Concorde avec ses deux belles fontaines et l'obélisque au milieu; la colonnade du Garde-Meuble à droite; à gauche, pour pendant, la galerie des machines, qui s'étend jusqu'à Chaillot, sur une longueur de douze cents mètres.

Au premier plan, en face, le massif des beaux arbres des Champs-Élysées, coupé par la grande avenue qui mène à l'Arc de Triomphe de l'Étoile.

Plus loin, le Palais de l'Industrie à gauche, le Cirque et l'Élysée à droite.

L'Arc de Triomphe couronne dans le lointain cette vue générale d'une fidélité merveilleuse.

Le second dessin représente, dans de plus vastes proportions, le Palais de l'Industrie, pavoisé des drapeaux de toutes les nations, avec les massifs des beaux arbres qui l'encadrent;

Le troisième est une vue de l'Arc de Triomphe qui couronne la grande avenue des Champs-Élysées;

Le quatrième, de la grande avenue des Champs-Élysées;

Le cinquième est la perspective de la galerie des machines se perdant dans les lointains brumeux des hauteurs de Passy.

La vue de ce cadre merveilleux peut seule donner à nos lecteurs une idée de toutes les merveilles qu'il renferme, et dont nous allons continuer la description.

Achetée chez un marchand d'estampes, la prime ne coûterait pas moins de dix francs, c'est-à-dire le prix de nos quatre volumes, formant une encyclopédie des arts et de l'industrie au dix-neuvième siècle.

PARIS. — IMP. SIMON RAÇON ET COMP., RUE D'ERFURTH, 1.

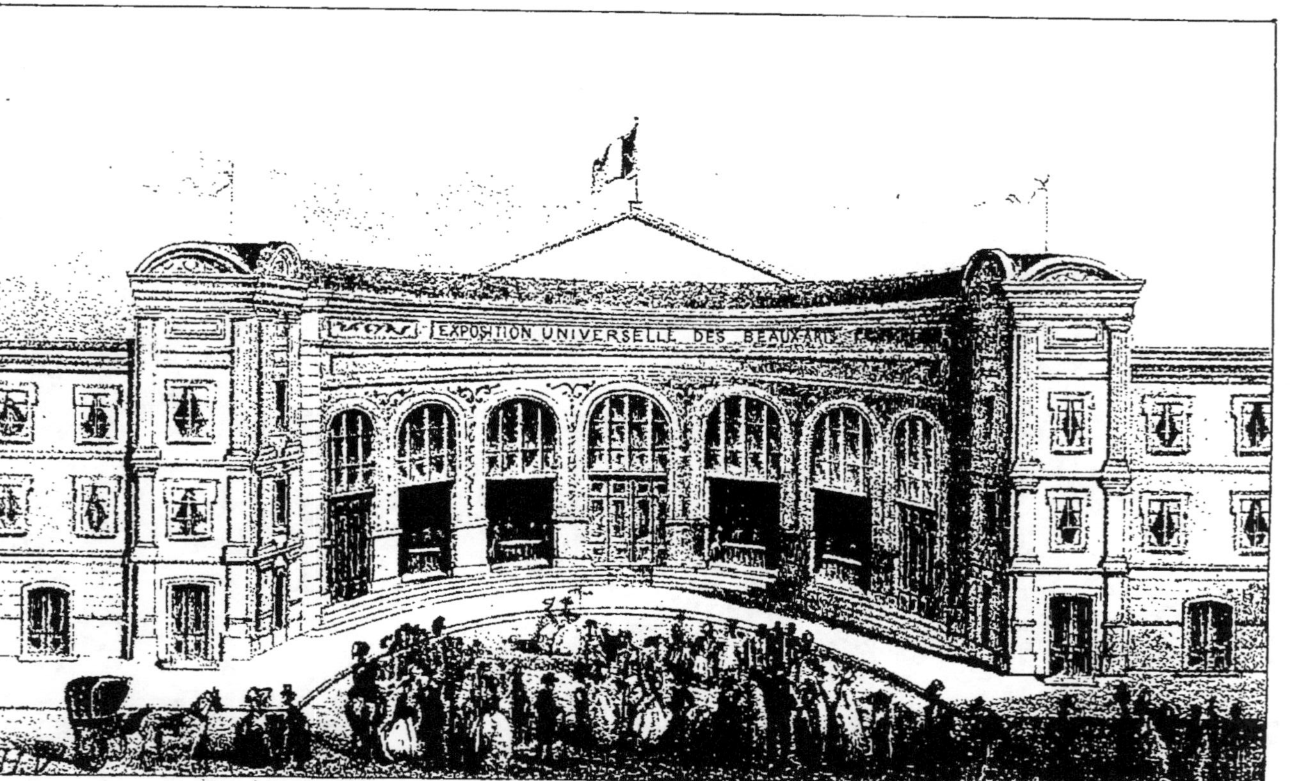

Imp. Lemercier Paris

Façade du Palais des Beaux-Arts.

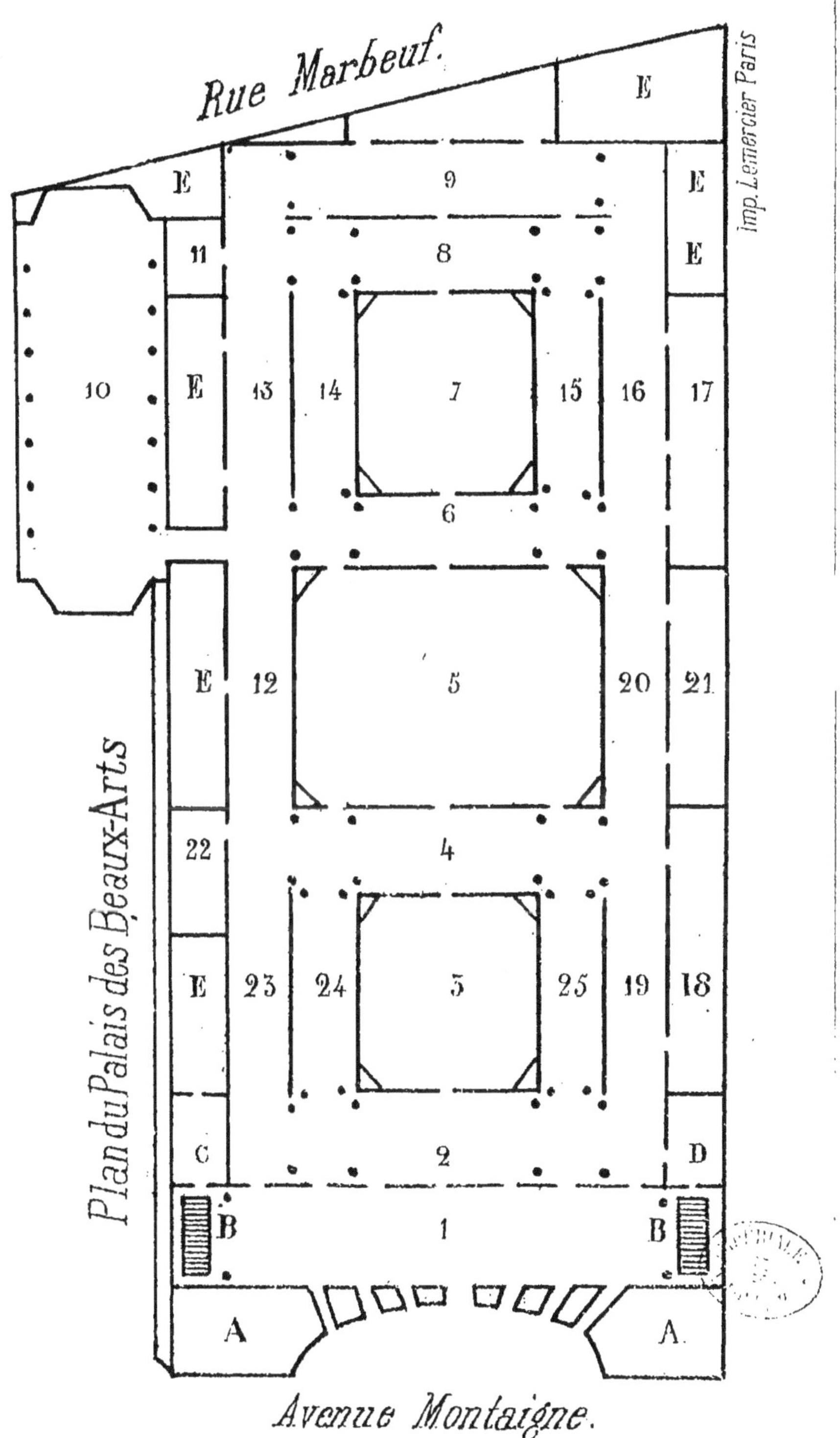
Rue Marbeuf.
Imp. Lemercier Paris
Plan du Palais des Beaux-Arts
E
9
E
11
8
E
10
E
13
14
7
15
16
17
6
E
12
5
20
21
22
4
E
23
24
3
25
19
18
C
2
D
B
1
B
A
A.
Avenue Montaigne.

LES MERVEILLES DE LA CIVILISATION

REVUE

DE

L'EXPOSITION

UNIVERSELLE

PAR

ÉDOUARD GORGES.

II. — Beaux-Arts français.

PARIS
FERDINAND SARTORIUS, ÉDITEUR,
9, RUE MAZARINE, 9

1855

PARIS. — TYP. SIMON RAÇON ET COMP., RUE D'ERFURTH, 1.

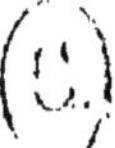

REVUE

DE

L'EXPOSITION UNIVERSELLE

SOMMAIRE.

Les Beaux-Arts. – L'École française : — Ingres, — Eugène Delacroix, — Horace Vernet, — Meissonnier, — Diaz, — Courbet, — Couture, — Chasseriau, — Benouville, — Barrias, — Français, — Decamps, — Troyon, — Rosa Bonheur, — Jalabert, — Antigna-Glaize, — Billotte, — Hebert, — Cabat-Corot, Yvon, etc., etc.

BEAUX-ARTS FRANÇAIS

PEINTURE.

I

Non omnis moriar.

Sorti de la terre, l'homme ne veut pas y rentrer sans laisser à la postérité un livre, un souvenir, une date, un nom, un portrait, une statue, un temple ou une pyramide.

Je ne mourrai pas tout entier...

Cette horreur du néant, de l'oubli, de la mort, est de tous les siècles, de tous les pays, de tous les âges : c'est une des aspirations les plus ardentes, une des passions les plus vives de l'humanité.

Dans l'antiquité, l'art devait être, et il fut une religion, un culte, un symbole : il eut ses secrets, ses mystères, ses initiés, ses mœurs et son langage particulier. L'artiste était le grand prêtre qui seul pouvait transmettre le présent à l'avenir, et ouvrir aux puissants les portes de l'immortalité. L'artiste taillait dans le marbre et le granit, coulait dans le bronze et l'or, les images des héros, des demi-dieux et des dieux... ou gravait leurs belles actions, leurs miracles, sur les tombeaux ou les murailles des temples.

Chez nous, au moyen âge, l'art n'est plus qu'une flatterie plus ou moins ingénieuse qui s'essaye timidement sur l'enluminure des missels, sur les vitraux peints des églises, dans les devises et les allégories sculptées sur les bahuts de chêne et les écussons armoriés, dans les fabliaux, les contes, les chroniques et les romans de chevalerie.

A force d'humilité, l'artiste réussit d'abord à se faire pardonner l'obscurité de sa naissance, puis il prit le pas sur la noblesse, il eût ses grandes entrées au

Louvre, à Fontainebleau, à l'Escurial, à Windsor et à Madrid.

La jeune et blonde Marguerite d'Écosse, femme du Dauphin, qui fut plus tard le roi Louis XI, dépose un baiser d'amour sur les lèvres d'Alain Chartier endormi ;

Michel-Ange et Raphaël sont choyés, fêtés, comblés d'honneurs et de richesses par Jules II, Paul IV et Laurent de Médicis ;

Léonard de Vinci et le Primatice sont reçus à Fontainebleau et traités comme des souverains par François Ier ;

Charles-Quint relève le pinceau du Titien, en le remerciant de lui donner l'immortalité ;

Clément Marot est un peu moins qu'un prince, un peu plus que l'ami de Diane de Poitiers et de la reine de Navarre ;

Le Tasse, flatté par Charles IX, est aimé par une princesse de la maison d'Este...

L'art et la royauté sont deux puissances qui ne peuvent vivre indépendantes, qui n'existent qu'à la condition de se compléter l'une par l'autre.

Qu'est-ce que la gloire, la puissance et la beauté sans la consécration de la poésie et des beaux-arts ?

Mais aussi que deviennent les beaux-arts sans la royauté ? — Versailles sans Louis XIV.

Pour vivre, l'art devra mettre sa palette ou son encrier au service de l'industrie. Depuis que la royauté est morte en France et que les grands seigneurs sont allés, Dieu sait où, quel artiste n'a pas eu à subir les exigences de son tailleur, les refus de son bottier ou es dédains de son épicier? C'est triste, mais c'est vrai.

II

ÉCOLE FRANÇAISE.

Pour apprécier convenablement l'exposition qui vient de s'ouvrir, pour juger la peinture au dix-neuvième siècle, il nous paraît nécessaire, indispensable même de remonter à son point de départ, de suivre son progrès et de constater ses défaillances.

Inventée en Flandre par Van Eyck, en 1370, la peinture, qui, dès le quinzième siècle, comptait, en Allemagne, Metzis, Rubens, Van Dyck, Ruysdaël, Rembrandt, Philippe de Champaigne et David Téniers;

En Italie, Michel-Ange, Raphaël, Titien, Léonard de Vinci, le Tintoret, le Primatice, Salvator Rosa, Giorgion et le Corrége;

En Espagne, Murillo, Ribeira, Velasquez et Zurbaran, n'était encore connue en France que par le JUGEMENT DERNIER de Jean Cousin, et quelques portraits curieux de naïveté, de vérité et d'expression de Janet, du Moustier et de Lagneau.

C'est l'enfance de l'art : l'école française ne commence à vrai dire qu'au milieu du dix-septième siècle, à Simon Vouet.

Louis XIV daigna abaisser un regard protecteur sur les artistes, non par une intelligence élevée de l'influence civilisatrice des beaux-arts, mais par le sentiment personnel du maître qui veut éblouir ses adorateurs ou ses maîtresses.

L'art porta perruque et talons rouges : les poëtes, les peintres et les sculpteurs furent des machinistes chargés de la mise en scène de cette grande pièce héroï-comique qui se joua pendant cinquante ans dans le palais de Versailles.

L'art se préoccupa moins de l'observation de l'étude de la nature que de donner à ses personnages une certaine ampleur théâtrale.

On voulut bien consentir à imiter la nature, mais de loin, et à la condition de la draper, de l'arranger, de l'orner, sous prétexte d'ampleur et de majesté.

Aucun peintre n'osa reproduire les physionomies et les costumes de son temps; on fit des Juifs, des Grecs et des Persans; mais la dignité de l'art ne permettait pas de peindre moins que des rois ou des guerriers panachés.

L'Olympe offrit nécessairement ses dieux, ses demidieux, ses déesses, ses faunes, ses nymphes et tout son matériel céleste au nouveau Jupiter de la maison de Bourbon.

Mais enfin l'impulsion était donnée : le maître aimait les beaux-arts, les beaux-arts devinrent à la mode.

L'école française acquit en naissant une grande célébrité : de l'atelier de Simon Vouet on vit sortir presque en même temps Lesueur, Lebrun, Mignard et Lahire.

Enfin l'Académie de peinture est fondée en 1655, et de ses premiers concours sortent : Claude Lorrain, Stella, du Fresnoy, Largillière, Boulogne, Courtois, Sébastien Bourdon, Jean Jouvenet, Coypel et Restout.

A cette époque, l'école française atteint le point culminant de sa gloire. La vérité, le mouvement et l'expression de Coypel; la manière large, franche et inspirée de Jean Restout; la vigueur et l'énergie de Sébastien Bourdon; le dessin large, facile et gracieux de Mignard, la richesse harmonieuse de sa couleur, peuvent entrer en parallèle avec les grands maîtres de l'Allemagne et de l'Italie.

Les modes et les goûts changent à la fin du dix-septième siècle : Detroy, le chevalier Favray, ne repoussent pas complétement la pompe et l'enflure, seulement ils essayent de la dissimuler, de la cacher, de la masquer avec les grâces, l'afféterie et la mignardise.

Carle Vanloo tranche nettement cette époque de transition : sa première manière est celle des Coypel et des Bourdon; son DÉJEUNER DE CHASSE le classe parmi les Lancret, Boucher, Debard et Pater. Les arbres sont bleus ou chocolat, les gazons sont bleus; mais, en revanche, les ciels sont franchement verts. Tout cela est faux et maniéré, mais gracieux et charmant.

Vien, Joseph Vernet et David terminent l'histoire de la décadence de l'art au dix-huitième siècle.

Greuze essaye une révolution timide; mais il n'est que gracieux, il manque de l'énergie, de l'enthousiasme nécessaire à un chef d'école.

Comme Carle Vanloo, Jean-Louis David, né à Paris *en 1748, fils d'un marchand de fer tué en duel*, abandonna sa première manière, et après avoir fait de l'antiquité grecque une étude sérieuse, il commença et accomplit une révolution puissante, énergique et radicale.

Ses premiers tableaux furent : BÉLISAIRE, ANDROMAQUE PLEURANT LA MORT D'HECTOR, le SERMENT DES HORACES, le VIEIL HORACE DÉFENDANT SON FILS DEVANT LE PEUPLE, la MORT DE SOCRATE, les AMOURS DE PARIS ET D'HÉLÈNE, le SERMENT DU JEU DE PAUME, LEPELLETIER ÉTENDU SUR SON LIT DE MORT, les SABINES, LÉONIDAS AUX THERMOPYLES, le COURONNEMENT DE NAPOLÉON et la DISTRIBUTION DES AIGLES.

Tous ces héros, tous ces modèles si frais, si bien

rasés, frisés, peignés, frottés, lustrés, cirés, nous semblent bien mauvais de ton, bien faux de mouvement, de couleur et d'expression. Cela manque complétement de vie, de passion et de vérité ; c'est de la tragédie en peinture.

On a peine à comprendre l'admiration, l'engouement, l'enthousiasme qu'excitait chacune de ces œuvres à son apparition. Pourtant tout succès a son motif, sa cause, sa raison d'être.

Cette cause, quelle est-elle?

Est-ce l'horrible goût de l'époque en peinture, en littérature, en sculpture et en architecture?

Est-ce amour de la nouveauté? réaction contre l'art du dix-huitième siècle?

Peut-être est-ce tout cela à la fois.

David fut de l'Académie, premier peintre de S. M. Napoléon, empereur et roi ; il fut riche et honoré. La Restauration lui mit au front l'auréole de la persécution, et en fit un grand homme. Rien ne manqua à sa gloire.

Girodet, Guérin et Prudhon joignent l'afféterie à la roideur du maître. Gros met dans ses compositions la passion et le mouvement oubliés depuis longtemps de tous les peintres de l'école française.

Enfin, en 1819, Jean-Louis-Théodore-André Géricault exposa le NAUFRAGE DE LA MÉDUSE.

Quel drame horrible, vrai, profondément senti, admirablement rendu ! Jetez ce radeau en pleine mer, entre le ciel et l'eau, perdu comme un point dans un horizon immense; élargissez jusqu'à l'infini le cadre étroit qui le resserre, et vous aurez une des plus belles, des plus grandes, des plus terribles réalisations de la pensée humaine...

Géricault, conspué, méprisé, raillé, mourut brisé par le doute, la douleur, la misère et la faim...

III

La grande entrée de l'Exposition universelle des Beaux-Arts est située avenue Montaigne. Trois grandes portes de dégagement sont ouvertes dans la rue Marbeuf.

La façade offre au centre un hémicycle terminé de chaque côté par deux ailes rectangulaires.

Sept portes en plein cintre, encadrées de chambranles avec sculptures, sont groupées dans la partie circulaire. Des fleurons moulés en plâtre décorent les tympans qui séparent les plein cintres.

Sur la frise qui se prolonge dans toute la façade, on lit en lettres d'or :

EXPOSITION UNIVERSELLE DES BEAUX-ARTS.

Vingt-huit pays sont représentés à l'Exposition universelle des Beaux-Arts. Ce sont :

L'Autriche, par 172 artistes et 159 ouvrages ;
Bade et Nassau, 14 — 18 ;
La Bavière, 34 — 64 ;
La Belgique, 140 — 270 ;
Le Danemark, 3 — 5 ;
Les Deux-Siciles, 3 — 5 ;
L'Espagne, 54 — 123 ;
Les États-Pontificaux, 8 — 13 ;
Les États-Unis d'Amérique, 10 — 139 ;
La Grand-Bretagne, 293 — 777 ;
La Hesse-Grand-Ducale, 2 — 2 ;
La Hesse-Électorale, 2 — 2 ;
Le Mexique, 1 — 1 ;
Les Pays-Bas, 76 — 131 ;
Java, 1 — 1 ;
Le Pérou, 2 — 5 ;
Le Portugal, 14 — 23 ;
La Prusse, 218 — 275 ;
La Sardaigne, 25 — 36 ;
La Saxe, 9 — 12 ;
La Suède et la Norwége, 29 — 44 ;
La Suisse, 46 — 114 ;
La Toscane, 3 — 6 ;
La Turquie, 1 — 1 ;
Les villes Hanséatiques, 15 — 18 ;
Le Wurtemberg, 6 — 9 ;
La France.

Ces vingt-huit contrées comptent à l'Exposition 2,154 artistes, peintres, graveurs, lithographes, sculpteurs, architectes, lesquels ont exposés 5,128 ouvrages.

1,059 artistes français ont exposés 2,810 ouvrages qui se divisent comme suit :

692 peintres, 1,867 tableaux ;
172 sculpteurs, 374 sculptures ;
77 graveurs, 191 gravures ;
28 lithographes, 95 lithographies ;
90 architectes, 283 dessins d'architecture.

En entrant dans le vestibule par une des sept portes de l'hémicycle, on a en face de soi les divers salons et galeries du rez-de-chaussée, ensemble six travées, trois de chaque côté, longeant trois grands salons occupant le milieu de l'édifice, coupés chacun par des allées transversales rejoignant les galeries latérales.

Le plan que nous donnons au commencement du volume nous servira de guide à l'intérieur du palais.

La salle 1, dans laquelle on entre après avoir traversé le vestibule, contient, à droite en entrant, des aquarelles très-remarquables de Biermann ; en face la Toscane, la Suède et Norwége, et à gauche le Portugal, le Pérou, les États pontificaux et le Danemark. Le *Siége d'Ancône*, la *Vie primitive en Amérique*.

Dans la salle 2, la Suisse est à droite, les États-Unis

et le grand-duché de Bade à gauche. L'attention se porte tout d'abord sur la *Médée* de Grund, sur les glaces de Saal et sur trois bonnes toiles de Knaus.

Le salon 3 est exclusivement consacré à la Prusse. Le centre est occupé par une statue colossale de *Saint Michel* à cheval de M. A. Kiss. — On voit une grande toile de Rosenfelder, la *Suzanne* de Kaselowski, etc.

L'Espagne occupe la moitié de la galerie transversale 4; la Saxe et la France, la partie faisant face à la porte d'entrée.

Le grand salon n° 5 occupe le centre de l'édifice : là sont les *Romains de la décadence*, les tableaux de MM. Schnetz, Landelle, Winter-Halter, Antigna, Robert Fleury, l'*Annonciation* de Jalabert, la *Fenaison en Auvergne* de mademoiselle Rosa Bonheur.

Dans la salle transversale 6 sont les toiles de Cabanel, Benouville, Barrias, et des paysages de Corot.

Dans le petit salon 7 on voit les toiles d'Eugène Delacroix, deux paysages de Français, la *Défense des Gaules* de Chasseriau.

Les galeries transversales 8, 9, 11, sont consacrées à la France. Les toiles qui attirent le plus particulièrement les regards sont les Decamps, Meissonnier, les paysages de Rousseau et de Coignard.

Le salon de sculpture occupe le n° 10.

La galerie 12, longeant le grand salon, est affectée aux Pays-Bas.

Le prolongement 13 à la France : là sont les marines de Gudin. *Charles IX* d'Henri Scheffer, etc.

A côté, 14, le salon de M. Horace Vernet, la *Smala*, la *Bataille d'Isly*, *Judith et Holopherne*, les *Mazeppa* et vingt autres toiles.

La section 15, faisant parallèle, est attribuée à M. Ingres. L'*Apothéose de Napoléon*, le *Martyre de saint Symphorien*, etc., etc.

A côté, dans le salon 16, formant le prolongement de la galerie anglaise, sont les toiles de M. Courbet et les *Souvenirs du passé* de Célestin Nanteuil.

Dans le n° 17, faisant suite au salon de sculpture autrichienne, on trouve la *Soirée de M. de Niewerkerke*, par M. Biard.

Un bien grand peintre!

La galerie 18 renferme les sculptures de la Grande-Bretagne. Dans les galeries 19 et 20 sont les toiles de Mulready, Ansdell, Millais, Lance, Landseer, etc.

La Sardaigne et la Belgique se partagent la galerie longitudinale 22.

Enfin, pour terminer cette nomenclature fastidieuse, A A représentent sur le plan la partie affectée aux bureaux, au service médical, etc.; B B, deux escaliers conduisant aux galeries supérieures dans lesquelles sont placés les aquarelles, les dessins, les pastels, les émaux, les miniatures, les plans d'architecture, les gravures, les lithographies, etc., etc.; C, un vestibule; D, un buffet; enfin, E E figurent les espaces réservés pour les magasins et le dépôt des refus.

IV

L'Exposition des Beaux-Arts de 1855 acquiert une importance et une solennité extraordinaires par son double caractère universel et rétrospectif.

L'Angleterre, la Russie, l'Amérique achètent la gloire; Paris seul la donne : toute réputation, pour être grande, universelle, a besoin du baptême de la consécration parisienne.

Depuis vingt-cinq ans, l'Europe artiste vient solliciter notre critique, nos éloges, notre admiration. Aujourd'hui l'on vient à Paris comme au seizième et au dix-septième siècle on allait à Rome.

Les beaux-arts ont demandé, en dehors du Palais de l'Industrie, un temple isolé où la foule, silencieuse et recueillie, viendrait admirer les merveilles de l'art. Le temple est élevé...

De tous les points du globe, les artistes ont dégarni leurs ateliers, dépouillé les églises et les musées...

Les chefs-d'œuvre enfantés depuis quarante ans se pressent dans les salles de l'avenue Montaigne.

Grâce à l'empressement avec lequel tous les peuples convoqués à cette grande solennité artistique ont répondu à l'appel de la France, une promenade de quelques heures remplace un long et pénible pèlerinage à travers les musées de la Grèce, de l'Italie et de l'Espagne, de la Belgique, de la Hollande, de l'Allemagne et de l'Angleterre.

Séparés par la différence des langues, les peuples se touchent, se mêlent sans se comprendre : devançant l'avenir, les artistes des différents pays se parlent, se communiquent leurs pensées, leurs passions, leurs âmes, par la parole muette des formes, des lignes et des couleurs.

Un enseignement sérieux, des leçons utiles pour tous résulteront nécessairement de ce grand concours artistique dont la France a eu l'initiative.

Nous sommes bien forcés d'en convenir : les questions d'art, aujourd'hui, sont impuissantes à passionner les masses, peut-être même à les émouvoir ; on a donc choisi la fête de l'industrie pour rehausser la solennité artistique. On a eu tort selon nous.

La coïncidence des deux expositions est fâcheuse pour les beaux-arts.

Tant de fois déçus, trompés tant de fois dans leurs croyances, les peuples portent toutes leurs aspirations, toutes leurs espérances vers les miracles que promet l'industrie, vers les merveilles qu'elle a réalisées.

Gardons-nous cependant de tout sentiment étroit et exclusif, et offrons notre reconnaissance sympathique aux artistes qui ont fait de Paris le foyer ardent de la civilisation.

Chaque chose a sa raison d'être, son utilité relative. Les lettres, les sciences, les beaux-arts et l'industrie ne forment qu'une grande famille nécessaire à la gloire et au bonheur de l'humanité. Une nation écrit son nom dans l'histoire des siècles par la vapeur ou l'électricité comme avec le livre d'Homère ou la frise du Parthénon.

V

M. INGRES.

Quand on a nom M. Ingres, quand on a eu pendant cinquante-quatre ans les éloges du public, les faveurs de tous les gouvernements, quand on est devenu, par sa palette, membre de l'Institut, commandeur de la Légion d'honneur et patriarche de la peinture, il est imprudent, peut-être, d'oser affronter la rude et terrible épreuve d'une exposition universelle et rétrospective. Quand on a fini sa tâche, accompli son œuvre, quand le jour baisse à l'horizon, mieux vaut fermer les yeux et s'endormir doucement dans la croyance de sa gloire et de son immortalité.

En voulant vider la coupe des louanges, on court grand risque de trouver au fond l'amertume de la vérité.

La critique vous irrite ; pourquoi donc la provoquer? à quoi bon déclouer les plafonds et dégarnir les salons et les musées?

Mais le public que vous dédaignez, le public qui vous a donné la fortune et la gloire, passera devant vos toiles froid et indifférent, et les replacera au-dessous de David, entre Girodet, Gérard et Pierre Guérin.

La critique sévère et impitoyable vous redira :

— La tête du premier consul manque de vie, de relief; vous avez oublié de fixer sur cette belle tête l'éclair fugitif de la pensée;

— Votre Œdipe est dans une pose fatigante, et n'annonce pas assez de finesse pour deviner la terrible énigme du sphinx accroupi sur son rocher;

— La race est perdue de vos petits chevaux soufflés, vivant de fleurs de rose et de café au lait; votre empereur est calme et fier, je vous l'accorde, mais il a la cuisse cassée; votre Justice déploie un biceps formidable, et boxe agréablement le génie du mal, un peu trop cuit; mais on cherche comment elle réussit à cacher son grand corps derrière les petites planches du trône impérial;

— Votre odalisque a les épaules trop plates et pas assez de cheveux; au lieu de se perdre dans un fond harmonieux, le corps se découpe par un trait sec et brutal;

Tout le monde connaît par la gravure Roger dé-

LIVRANT ANGÉLIQUE : mais le tableau seul peut donner une idée du mauvais goût et de la fausseté de ce troubadour imberbe, rose et doré, s'amusant à pêcher à la lance une grosse carpe très-méchante et si vieille que des cornes lui sont poussées.

Si j'étais le mari de Francesca da Rimini, au lieu de rouler de gros yeux, de grimacer la colère et de tourmenter ma dague dans sa gaîne, je me contenterais de prendre par les épaules et de mettre à la porte ce long flandrin de page en chausses violettes, en pourpoint orange et en surtout bleu : il est trop niais avec son cou de cygne pour être bien dangereux.

Le VŒU DE LOUIS XIII est un grand manteau avec un quart de lune, offrant à Dieu une couronne dont il ne sait que faire.

Je n'aime pas beaucoup Jeanne d'Arc blanche, grasse et rosée, sous son armure en zinc : elle n'est pas taillée pour tenir deux heures à cheval. L'écuyer, l'aumônier et le page sont rasés, frais et bien nourris, et ont l'air de gens de bonne maison propres et reposés.

Le SAINT SYMPHORIEN ressemble par trop à une femme ; le tableau manque d'air et de perspective ; c'est un enchevêtrement inconcevable de jambes bossuées, de muscles secs, et rien ne justifie le développement prodigieux des muscles des licteurs.

La VÉNUS ANADYOMÈNE, commencée en 1808 et terminée en 1848, est fort gracieuse. Depuis Francesco

Albani, Rubens, jusqu'à M. Courbet, tous les peintres ont fait des Vénus vues de dos, de face, couchées, endormies, au lit, sur l'herbe, ou au bain...

Tout le monde s'accorde à admirer les portraits de M. Ingres. Seulement on blâme assez généralement l'Harmonie aux yeux blancs, déposant une couronne sur la tête un peu grise, mais bien modelée de Chérubini.

Les différents tableaux de genre montrent chez M. Ingres une très-grande facilité d'assimilation.

Malgré ces légères imperfections que nous avons cru devoir signaler, M. Ingres aura toujours pour admirateurs sincères les amateurs de haut style en peinture, et les amants passionnés de la guitare et de la périphrase.

VI

M. EUGÈNE DELACROIX.

Il faut bien le reconnaître, pour tout le monde M. Delacroix est plus qu'un peintre, c'est un penseur éminent : par malheur, il cherche, il rêve l'infini dans un art dont les moyens d'action sont très-bornés. Il s'efforce de traduire sur la toile, de les rendre visibles, palpables, toutes les grandes passions de l'humanité. — David, Ingres et toute l'école lui ont démontré l'impuissance de la ligne, alors il demande à la couleur la réalisation de son rêve.

M. Delacroix s'égare à la recherche de l'absolu : il rêve la philosophie de la peinture.

On a écrit beaucoup de dissertations savantes et profondément ennuyeuses sous prétexte d'esthétique, du sentiment ou de la philosophie des beaux-arts.

Cette maladie nous est venue de l'Allemagne, où l'on argumente sur et contre toutes choses.

Je comprends la philosophie de l'histoire, de l'histoire naturelle, la philosophie des sciences mathématiques et expérimentales;

Je comprends que, des faits observés, des lois physiques clairement constatées, le penseur, le philosophe fasse surgir tout un système politique social ou économique...

Je comprends que, des leçons du passé, de l'étude des passions ou des aspirations humaines, il tire des lois et des enseignements pour l'avenir...

Mais la philosophie de l'art... la philosophie d'une statue, d'une toile peinte... qu'est-ce que cela signifie? je vous le demande...

Sous quelque forme que la pensée se matérialise, l'art est, si je ne me trompe, la traduction réelle et vraie de la nature, de nos passions, de nos joies et de nos souffrances...

La grande loi qui domine toutes les productions de l'esprit humain, c'est la VÉRITÉ.

Rien n'est beau que le vrai, le vrai seul est *aimable*.

L'expression, le mouvement, la vie, en un mot, la VÉRITÉ, tout l'art est là ; loin de là, il n'y a qu'orgueil et impuissance.

M. Eugène Delacroix est un peintre décorateur; vus de près, ses tableaux sont un affreux barbouillage. Des points rouges indiquent des yeux; une ligne perpendiculaire, roide et grossière, figure le nez; un trait horizontal placé au hasard, à peu près entre le nez et le menton, est destiné à imiter la bouche. Les têtes sont rarement d'aplomb sur les épaules; les jambes et les bras manquent quelquefois.... Mais éloignez-vous un peu... encore... davantage... Maintenant, arrondissez votre main en forme de lorgnette, isolez les rayons lumineux, et l'horrible gâchis devient comme par enchantement un tableau éclatant de lumière et quelquefois admirable de passion, de vie et de mouvement.

Le tableau de DANTE ET VIRGILE, exposé au salon de 1822, est, sans contredit, un des chefs-d'œuvre de M. Delacroix. Sa manière large et vigoureuse tranche nettement avec les troubadours porcelaine de la Restauration.

Seulement, malgré toute la poésie fantastique du

sujet, on ne comprend guère le batelier sans tête, sans cou et sans épaules, et l'on se demande par quelle fantaisie étrange le peintre a jugé convenable de priver ce malheureux d'un organe regardé assez généralement comme absolument indispensable; enfin c'est un détail.

Les tableaux de David, les *Messéniennes* de Delavigne, les chansons de Béranger, les poëmes de Byron, avaient attiré l'attention de l'Europe et éveillé la sympathie en faveur de la Grèce égorgée, incendiée et ravagée par les Turcs.

En 1824, M. Eugène Delacroix exposa le MASSACRE DE SCIO.

Les maisons brûlent dans le lointain; les Turcs égorgent les femmes et les enfants disséminés dans la campagne.

Sur le premier plan, un groupe hébété, anéanti par la terreur, attend la mort : les yeux sont rougis par les larmes, les visages stupéfiés par le désespoir; les membres pendent, lourdement accablés par une prostration insurmontable. Une femme, brisée par la douleur, s'affaisse en tombant sur le corps mort de son mari; un Grec, assis au milieu de cadavres, se demande avec une rage concentrée s'il va mourir sans une dernière vengeance.

L'homme couché qui sourit de mépris en accusant le ciel de les avoir trahis a peut-être une intention trop philosophique pour être compris du public.

Un beau Turc, fier et dédaigneux, sur un cheval qui se cabre, s'apprête à tuer une vieille mère qui se cramponne au corps de sa fille attaché à la queue du cheval.

Le torse de la jeune fille est d'un beau dessin et d'une couleur admirable : seulement on ne comprend pas bien comment ce cheval sans croupe pourra galoper dans la campagne avec un pareil fardeau battant son flanc ou ses jarrets.

On voit déjà que, de parti pris et par système, M. Delacroix cherche à émouvoir, à passionner exclusivement avec la couleur, mais on ne devine pas encore le mépris absolu de la forme qui devait plus tard le conduire jusqu'à cette chose honteuse qu'il appelle la CHASSE AUX LIONS.

Le CHRIST AU JARDIN DES OLIVES accuse déjà cette tendance déplorable. Les trois anges sont très-laids et mal emplumés; et le Christ, bronzé par la fumée, a l'air d'un malandrin échappé de la Cour des Miracles de Jérusalem.

Nous ne regarderons pas l'EMPEREUR JUSTINIEN COMPOSANT SES LOIS qu'on eût bien fait d'oublier quelque part.

Barbier a bien dit dans ses *Iambes* :

La liberté n'est point une comtesse
Du noble faubourg Saint-Germain,
Une femme qu'un cri fait tomber en faiblesse,
Qui met du blanc et du carmin...

C'est une forte femme aux puissantes mamelles,
A la voix rauque, aux durs appas,
Qui, du *brun* sur la peau, etc.

Du brun, oui, mais non pas de la crasse... Le peintre eût fait sagement, à mon avis, d'envoyer cette demoiselle au bain... sa bouche me déplaît, et son regard est terne... Quant à ses deux amis, armés d'un fusil et d'un chapeau tromblon, ils ont une physionomie peu sympathique ; ces deux ou trois vauriens représentent mal un grand peuple qui s'égorge et meurt pour la liberté.

La MADELEINE DANS LE DÉSERT est une tête de femme qui meurt ou sommeille : on l'a mise dans le désert pour indiquer sans doute que la malheureuse manquait d'eau pour se décrasser.

La MORT DU DOGE MARINO FALIERO est la dernière scène d'un bon gros mélodrame de 1834. Il y a de la lumière, de riches étoffes, mais aucun mouvement, aucun intérêt dramatique. C'est un grand mannequin sans tête, jeté au milieu d'autres mannequins de plus petite dimension.

L'ÉVÊQUE DE LIÉGE se distingue par les mêmes défauts : la lumière jouant sur de riches étoffes.

Les DEUX FOSCARI offrent un peu plus d'intérêt. Au reste, le sujet est très-dramatique. Dans la grande salle du palais ducal, le vieux doge Foscari, assis sur son trône, est forcé d'écouter la lecture de la sentence qui condamne Jacques Foscari, son fils, accusé d'intelligence avec les ennemis de la république. Il est nu jusqu'à la ceinture et tend vers son père des bras suppliants pendant que sa femme se jette dans ses bras.

De tous ces personnages nous n'admettons réellement que le vieux doge, qui nous a semblé admirable de douleur et de résignation. Les autres personnages ne sont que des pochades par trop lâchées.

COMBAT DU GIAOUR ET DU PACHA.

Un pacha qui dort sur un grand cheval à jambes tortes a l'air contrarié par un giaour qui vient désagréablement troubler son sommeil.

La MÉDÉE FURIEUSE est admirable de lumière, de mouvement, de vie et de passion.

Elle est poursuivie... ses lèvres sont blanches de colère, ses yeux lancent des éclairs de haine et de fureur, sa main gauche crispée serre un poignard, et de la droite elle étreint convulsivement ses deux enfants avec un movement frénétique de rage inassouvie. La nature souriante et calme que laisse voir l'ouverture de la caverne forme, avec cette scène d'horreur, un contraste d'un puissant effet.

L'EMPEREUR MARC-AURÈLE MOURANT, qui n'était pas beau, avait des amis fort laids; on aime mieux rencontrer ces gens-là dans un salon de peinture qu'au coin d'un grand bois la nuit.

HAMLET. Hélas ! pauvre Yorik !

Avant de se séparer, ROMÉO et JULIETTE s'étreignent avec passion. La jeune fille repousse amoureusement son amant avec les coudes. Ce couple heureux essaye de lever les yeux au ciel, mais, hélas ! le peintre les fit aveugles.

La BATAILLE DE NANCY est une rencontre dans laquelle on s'approche avec une grande circonspection. Sur le premier plan, Charles le Téméraire s'accroche aux crins de son cheval pour se remettre en selle pendant qu'un chevalier lorrain s'apprête avec grâce à le percer de sa lance redoutable.

Ce chef-d'œuvre appartient au Musée de Nancy.

La JUSTICE DE TRAJAN est remarquable par la grandeur de la toile. L'empereur, monté sur un beau grand cheval, se promène tranquillement au milieu d'un cortége plein de pompe et de magnificence.

Tout à coup une veuve éplorée, les bras tendus, se jette à genoux aux pieds du cheval : son veuf très-rouge et richement enluminé la soutient : l'empereur arrête son cheval qui se cabre... tableau !

La NOCE JUIVE DANS LE MAROC est fort belle de vérité, de réalité : seulement le soleil est peut-être un peu trop froid pour un soleil d'Afrique, les murs ne sont pas assez bistrés, et l'on cherche cette atmosphère chaude et lourde qui rayonne sur les toiles de Decamps.

La FAMILLE ARABE nous semble moins heureuse.

Un Arabe, vêtu d'une longue robe bleue, coiffé d'un bornous blanc, tient un enfant à califourchon sur un cheval alezan : la mère et l'aïeul s'approchent pour monter à la suite, sans doute. Le cheval est tellement long qu'il y aura place pour la famille entière.

Nous allons essayer de vous donner une idée de cette chose incroyable qui s'appelle la Chasse aux Lions. Cette toile porte la date de 1855 et clôt la série des œuvres de M. Delacroix exposées au Salon.

Au milieu d'une pochade d'une couleur désagréable on distingue vaguement, et avec beaucoup de bonne volonté, une espèce de mome contrefait et grimaçant, en calotte écarlate et pourpoint puce, avec surtout blanc et bleu rayé, et coiffé d'une toque pareille.

Ce Triboulet informe et difforme, monté sur un cheval épagneul, lève d'un bras maigre et roide un petit fer emmanché d'un petit bois.

Une lionne qui paraît désireuse de grimper en croupe mord avec colère la croupière du cheval épagneul.

Pendant ce temps-là, dans un pâté vert, un petit Turc, qui, pour le costume, la pose et l'expression, rappelle avec bonheur les Mameluks enluminés de la Restauration, monte un cheval chocolat, qui se dresse avec l'élégance gracieuse d'un cheval savant, et fait mine d'enfoncer son petit couteau dans l'échine d'un lion blessé qui montre les dents.

Trois hommes, un cheval et le sultan Saladin essayent de sortir de cette position fâcheuse et inquiétante.

Si les personnages sont horriblement mauvais, en revanche, la campagne est couleur pistache.

Cette méchante toile nous semble un défi jeté au goût et au bon sens public.

VII

HORACE VERNET.

Tous les peintres affectent le plus profond dédain pour M. Horace Vernet, et lui refusent absolument toute espèce de talent; les raffinés des beaux-arts qui cherchent dans la peinture un mythe, le symbole d'une idée absente, le trouvent trivial, sans élévation de style et de pensée; le public, qui n'est d'aucune école, qui aime à comprendre une toile à première vue, place M. Horace Vernet à la tête de l'école française.

Le public a tort et les raffinés n'ont pas raison.

M. Horace Vernet est un improvisateur en peinture, il est venu au monde un crayon à la main. Son dessin est franc d'allure, vif, facile, inspiré: pas une pose qui ne soit vraie! pas une expression qui ne soit en harmonie parfaite avec la situation du personnage!

La *Judith* est fièrement campée; le pli du front

annonce une résolution énergique. En forçant l'effet, le peintre tombait dans l'exagération et le mélodrame. Mais la scène est mal éclairée; le grand rideau d'étoffe rouge, aux plis roides et puissants, coupe brutalement la toile, au lieu de projeter cette teinte lugubre que M. Léon Coignet a si bien rendue dans son beau tableau du *Tintoret*.

M. Horace Vernet est l'exécuteur des hautes œuvres militaires, personne ne peint comme lui le troupier français. La *Smala* est un panorama qui se déroule sur une longueur de quarante mètres; tous les soldats sont étudiés et rendus avec le fini, le soin et la fidélité du portrait.

On reproche à cette toile le défaut d'unité : il n'y a pas une action, il y en a dix, il y en a vingt..... — Où est le mal? N'en serait-il pas de l'unité en peinture comme de l'unité de temps et de lieu au théâtre?

Seulement son amour pour l'uniforme français a peut-être entraîné le peintre au delà de son intention : l'intérêt manque à cette toile, parce qu'il n'y a pas de lutte, pas de résistance, pas de bataille; on compte à peine une demi-douzaine d'Arabes contre soixante Français; la partie n'est pas égale.

Avouons, pour rester dans le vrai, que la couleur de M. Horace Vernet est aussi fausse, aussi mauvaise que son crayon est spirituel et original.

Tout le monde a vivement regretté l'abstention de

MM. Paul Delaroche et Ary Scheffer. — Talent oblige.

Pour éviter autant que possible la sécheresse et la monotonie des classifications, nous continuerons notre promenade à travers le Salon, en nous arrêtant au hasard devant les toiles, petites ou grandes, qui auront le plus vivement attiré notre attention par leurs défauts comme par leurs qualités.

M. Français n'a pas exposé de nouvelles toiles, mais nous avons revu avec plaisir deux beaux paysages d'une touche ferme, large et puissante, et d'une vérité admirable : — le *Soleil couchant* et un *Sentier dans les blés*.

— Si l'on veut bien se rendre compte des progrès obtenus dans l'étude des animaux, que l'on compare la *Lutte des taureaux* de Brascassat, la *Vache attaquée par les loups et défendue par les taureaux*, exposées en 1839, — avec les *Bœufs allant au labour*, —*Vallée de Touque*, et les autres toiles de M. Troyon. Impossible de rien imaginer de plus admirablement vrai, de plus profondément senti, de plus vigoureusement rendu.

— La *Fenaison en Auvergne* de mademoiselle Rosa Bonheur se rapproche plus de la manière de Brascassat et manque des qualités qui distinguent si particulièrement M. Troyon. Son ciel est d'un beau bleu, mais il manque de chaleur et d'âpreté ; ses bœufs sont bien étudiés, mais ils sont trop caressés et léchés avec trop de complaisance.

— M. Decamps est un peintre hors ligne, d'une originalité incontestable. On lui reproche de peindre avec une truelle, de maçonner ses toiles et de marteler ses couleurs ; mais il faut avouer qu'avec ses couches superposées, grattées et regrattées à l'infini, il obtient des effets de couleur d'une puissance rare et saisissante.

Ainsi la *Halte de cavaliers arabes*, — le *Grand bazar turc*, — *Eliézer et Rébecca*, — la *Rue d'un village en Italie*, — le *Boucher turc* et vingt autres toiles d'Orient ont l'air chauffées et roussies par le soleil des tropiques. Cependant, malgré la richesse de sa palette, M. Decamps ne sort guère d'une gamme de tons cuits et bistrés, qui donne à ses œuvres un cachet particulier, sans doute, mais qui devient monotone et sent la manière et le parti pris.

La *Bataille des Cimbres* est plutôt un paysage qu'une bataille : toute l'attention, tout l'intérêt se porte sur cette plaine désolée, sur ces collines accidentées qui ferment l'horizon ; il faut regarder de près pour voir une mêlée dans cette fourmilière qui grouille dans les plis du terrain.

Les *Singes* ont fait la fortune de M. Decamps ; cependant nous leur préférons les *Chevaux de halage* et l'*Ane et les Chiens savants* : ces deux toiles sont d'une vérité d'observation, d'un rendu et d'une couleur admirables !

Je ne connais rien de plus charmant que cette nichée de Maurillons qui sortent de l'*école turque* avec des sauts, des cris, des gambades et des trémoussements convulsifs. — En somme, ce qu'on regrette dans M. Decamps, c'est l'inspiration, la passion et le sentiment de la nature.

— M. Chasseriau n'a pas justifié, selon nous, les espérances et les éloges antérieurs d'amitiés trop complaisantes. Nous n'aimons pas cette salade de femmes, brunes, blondes, vertes, rouges et jaunes, entassées autour du *Tepidarium* : — elles sont toutes laides, avec les mêmes yeux — sans regards ; cela manque d'air, de grâce et d'harmonie.

Les *Cavaliers arabes emportant leurs morts après une affaire contre des spahis* nous avaient laissé, en 1850, une impression très-favorable qui a presque complétement disparu après un examen plus sérieux. Il y a un effet d'ensemble assez harmonieux de riches costumes, de chevaux et de cadavres ; mais la scène, mal éclairée, manque complétement d'intérêt, de vie et de mouvement ; les hommes enlèvent leurs morts comme ils feraient de paquets d'étoffes. — Les *Chefs arabes se défiant en combat singulier sous les remparts d'une ville* sont beaux de mouvement, de colère, de mépris et d'animation ; mais le sultan Saladin, couché dans une flaque d'eau avec un grand coutelas dans l'estomac, est d'un grotesque incroyable. Le chef du second plan, monté sur un cheval épagneul, manie un bois de lance d'une exiguïté ridicule, et son adversaire, avec son bornous flottant, a une pose trop théâtrale pour être d'un grand effet.

— Il y aurait beaucoup à dire sur la *Défense des Gaules*. « Commandés par Vercingétorix, les Gaulois repoussent de Gergovie les légions de César: leurs femmes échevelées les implorent, leur montrant, du haut des remparts, leurs enfants, et les excitant au combat. »

Pourquoi tous ces guerriers se sont-ils dépouillés, à l'instar des Grecs de David? A leurs membres frais, blancs et légèrement nuancés de rose, on voit aisément que ces messieurs avaient peu l'habitude de sortir en pareil déshabillé.

Les dames gauloises sont des poupées cueillies sur les hauteurs du quartier Bréda.

En général, ce qui manque à M. Chasseriau, ce n'est ni le dessin ni la couleur, mais l'intelligence de la scène qu'il veut rendre, des causes et des effets qu'il veut produire.

Nous ferons le même reproche à M. Thomas Couture; il n'est pas permis de traiter un sujet historique sans ouvrir au moins un livre d'histoire. M. Couture a voulu peindre les ROMAINS DE LA DÉCADENCE. Il faut bien le croire, puisque le livret l'assure. Mais où donc sont les esclaves d'Éthiopie, faisant mousser dans des patères d'or enrichies de pierreries les vins centenaires de Chio, de Falerne ou de Syracuse?... C'est de la piquette d'Argenteuil, frelatée dans les caves de Bercy, qui suinte dans cette coupe d'étain mal fourbie. Quoi! ces méchantes guenilles de calicot jauni, fripé, sali, nous représentent les soies de Corinthe et la pourpre de Tyr! Et ces drôlesses usées, passées, lassées, flétries, molles et flasques, ce sont les belles filles de Grèce et de Géorgie que les maîtres du monde payaient au poids de l'or!

Où sont les guirlandes de fleurs, les joueurs de flûte et les cassolettes d'encens?

Vos patriciens ne sont que de misérables affranchis ignorant les douceurs du bain...

Et les hymnes à Bacchus, le dieu de la joie? Et les offrandes à Vénus?

Que demandent ces deux hommes mal vêtus, debout et mécontents?

Ils boudent peut-être parce qu'on ne les a pas invités; mais partout une mise décente est de rigueur, — et la tenue de ces messieurs laisse beaucoup à désirer sous tous les rapports.

Tout cela est gris, triste, froid, maussade, ennuyeux et ennuyé...

Passons...

— Voulez-vous voir un chef-d'œuvre? arrêtez-vous

devant UNE RIXE de MEISSONNIER, un homme fort intelligent, celui-là.

Les cartes sont déchirées, les cruches à terre, les chaises et les tables renversées. — Un aventurier en haut-de-chausses et pourpoint d'un blanc sale, avec des chausses bleues passées et un surtout orange; la trogne enluminée par le vin, les veines gonflées, les membres roidis et crispés par la colère, s'efforce de tomber, la rapière au poing, sur son adversaire, solidement assis sur ses jarrets, et campé dans une pose crâne qui annonce un maître en fait d'armes, un raffiné d'honneur.

Deux amis s'efforcent de contenir le premier personnage : l'un l'étreint vigoureusement à bras-le-corps, pendant qu'un second s'efforce de lui arracher son épée.

Un troisième, qui s'est jeté entre les deux, essaye de les apaiser en donnant raison à tous les deux.

Cette petite toile est vivante de vérité, de mouvement, d'expression, — admirable d'observation et de couleur locale.

Deux bravi sont embusqués derrière une porte : l'œil du premier plonge avidement un regard féroce par le trou de la serrure; sa main crispée recommande le silence et l'immobilité à son complice, qui, la dague au poing, attend debout, le dos collé contre la boiserie de l'appartement...

Il y a tout un drame terrible dans cette petite toile de quelques centimètres.

Ces deux toiles sont, à mon avis, les deux meilleures du Salon : je ne connais rien d'aussi profondément senti, d'aussi admirablement rendu.

— M. Diaz de la Peña a enfin compris que le public commençait à se lasser de voir toujours et toujours les mêmes nymphes en jupons trop courts, décolletées jusqu'au nombril, assises ou couchées sous bois, au milieu des mêmes petits culs nus d'Amours avec ou sans ailes. Si le coloris est vigoureux, le dessin est souvent d'une mollesse et d'une lâcheté qui va parfois jusqu'à la plus extrême négligence.

Nous devons encourager les *Dernières Larmes*, parce qu'elles sortent complétement de la manière du peintre; mais franchement nous ne comprenons rien à ces femmes pâles et longues, flottant dans un milieu gris et nuageux.

Pleurent-elles, ces femmes? Pourquoi pleurent-elles? Sur cinq il y en a quatre qui se ressemblent trop, sous prétexte apparemment qu'elles sont sœurs. La femme rouge, vue de dos, a une croupe de sirène admissible peut-être dans les formes capricieuses et tourmentées de la mythologie, mais absolument impossible dans la réalité.

— Décidément il a trop plu de chenilles et de hannetons sur les arbres gris et déguenillés de M. Corot : c'est faux, triste et froid.

— M. Antigna est un observateur sérieux, qui reproduit avec une grande vérité les physionomies et les tons gris de la classe indigente.

— La Gamelle est une scène d'intérieur charmante et triste à la fois. Une mère menace du geste une petite gourmande qui s'est rendue coupable d'un mouvement de cuiller trop accéléré, pendant que ses quatre petites sœurs attendent la permission de recommencer le repas interrompu.

— Dans l'Incendie, une porte entr'ouverte laisse voir de grandes flammes rouges qui éclairent d'une lueur sinistre un pauvre appartement perdu sous les toits.

La frayeur des enfants, le mouvement de la lumière, sont vivement sentis et bien exprimés.

— Je connais peu de drames aussi émouvants qu'une Halte forcée.

Toute une famille, le grand-père, le père, la mère et six enfants étaient entassés dans une lourde charrette que traînait seul un malheureux cheval : rendu, épuisé de fatigue, le pauvre animal vient de tomber pour ne plus se relever.

La nuit arrive, la neige tombe, les corbeaux se pressent au sommet des arbres dépouillés; le chien hurle après les loups, les enfants ramassent des buchettes et allument du feu ; la mère étreint convulsivement le plus jeune de ses enfants, pendant que le père, assis sur un brancard, la tête dans sa main, suit avec un désespoir profond et contenu l'agonie du cheval qui râle un dernier soupir.

Cette scène est déchirante.

— L'ANNONCIATION de M. Jalabert, que nous avions admirée au Salon de 1853, a de rares qualités : la jeune Vierge est adorable de naïveté, de surprise, d'amour et d'admiration. — Seulement, cette année, l'ange nous a paru un peu niais et trop long.

Le PILORI de M. Glaize rentre dans la peinture symbolique et humanitaire pour laquelle nous avouons notre peu de sympathie : seulement celle-ci est d'une interprétation facile.

Le Christ couronné d'épines est au milieu des grands hommes persécutés par la Violence, la Misère et l'Hypocrisie personnifiées. — Les martyrs de la science et du génie sont, à sa droite : — Socrate, Ésope, Kepler, Galilée, Corrége, Bernard de Palissy, Lavoisier ; — à sa gauche, Homère, Dante, Cervantes, Jehanne d'Arc, Christophe Colomb, Salomon de Caus, Denis Papin, Étienne Dolet. — Les yeux au ciel, Christ montre du bout du doigt l'inscription suivante, gravée à ses pieds : « On les persécute, on les tue, sauf, après un lent examen, à leur dresser une statue pour la gloire du genre humain. » La moralité est plus vraie que consolante. Nous ne voulons pas contester à cette toile un grand sens philosophique ; mais nous lui reprochons de trop ressembler à une parade historique.

— M. Winterhalter a exposé un *Décaméron*, un gracieux bouquet de femmes admirablement belles : ce sont des portraits dont nous regrettons de ne pouvoir constater la parfaite ressemblance. Une seule exceptée : *S. M. l'Impératrice.*

— M. Billotte a cinq petites toiles, soignées d'exécution, tranquilles de ton, simples et harmonieuses de couleur. — Son *Chasseur* est bien réellement occupé à mettre son fusil en état, et la tête du vieux soldat dans la *Veille d'une campagne* est d'un beau caractère.

— M. Courbet a exposé cette année une *Rencontre* dont les personnages sont d'une exécution très-soignée et d'une tenue irréprochable. — Son paysage de la *Roche de dix heures*, dans la vallée de la Loue, est d'une fraîcheur à faire éternuer.

— Le *Saint François d'Assise* de M. Benouville, transporté mourant à Sainte-Marie des Anges, et bénissant la ville d'Assise, a un caractère profondément religieux. Le paysage, d'un gris terne et d'une sécheresse biblique, s'harmonise bien avec le froc brun et sombre des moines. Le calme, la pâleur ascétique des religieux, donnent à cette scène une grandeur et une majesté imposante.

Nous sommes forcés d'avouer, par exemple, que le lion accroupi sur le prophète de la tribu de Juda est d'un grotesque achevé.

Ses *Martyrs chrétiens entrant dans l'amphithéâtre* sont d'un beau dessin, habilement groupés, doux et harmonieux de couleur; mais l'intérêt dramatique manque absolument. Malgré leurs yeux levés au ciel, les deux martyrs ne rayonnent pas de cet enthousiasme qui défie les bourreaux et sollicite la palme du martyre.

Où sont les lions, les griffes et la gueule rouges de sang, déchirant, éparpillant les cadavres des chrétiens? Je ne vois qu'un soldat assez bon diable, embarrassé de son sabre et de son bouclier, bousculant du pied un vieillard boiteux, et, au second plan, un bourreau tourmentant une femme blonde dont le corps est perdu dans la masse des personnages.

Cela ne suffit pas... Ce tableau devait être déchirant, il est froid.

— Le *Bénédicité*, la *Leçon de musique* et *Pendant les vêpres* sont de petits sujets bretons étudiés avec un grand soin et très-heureusement rendus par M. Fortin.

Sa *Chaumière du Morbihan* est un petit chef-d'œuvre de couleur et de vérité d'observation. A l'ombre d'un grand chêne dont les feuilles se découpent vigoureusement sur le fond argenté du ciel, un mendiant en houppelande grise, le sac de toile au dos, chaussé de gros sabots ferrés, fume sa pipe, assis sur un escabeau, en causant avec une vieille qui, la pipe au bec, l'écoute en filant sa quenouille, debout, à la porte de la masure en terre, crevassée, éventrée et tombante. La converture est de paille et de genêts mêlés, fleurie de mousse et de joubarbes. Un coq regarde la scène avec dignité pendant qu'une poule cherche sa vie dans la demi-teinte d'un hangar.

On pourrait croire cette petite toile signée par un des grands maîtres de l'école hollandaise.

— Je ne connais pas les environs de Naples; mais les petits sapins de M. Bellel me font l'effet de grands champignons poussés dans du plâtre. Cela ne vaut pas les frais du voyage.

— Le dessin de M. Bonvin est ordinairement sec, sa couleur froide; mais sa *Basse-Messe* est habilement conçue et bien éclairée, puis tout ce petit monde lit et prie religieusement.

Le *Jeune malade* de M. Jobbé-Duval est une toile charmante : la jeune fille a la blancheur idéale, les formes vaporeuses d'un rêve d'amour.

— La *Tristesse d'une fiancée* est beaucoup moins heureuse : les attitudes sont gauches ou maniérées, et les physionomies sans expression.

— *Vive l'Empereur!...* exposé cette année par

M. Muller, est destiné à servir de pendant à son *Appel des dernières victimes de la Terreur*.

La foule accourt, se presse, s'entasse aux fenêtres et sur toute la ligne des boulevards, pour voir passer son empereur et le saluer de ses cris enthousiastes.

Le cœur saigne à la vue de ces soldats couverts de poussière, hâves, décharnés, en haillons, se traînant à peine, les jambes enveloppées de linges tachés de sang, la poitrine trouée de balles et la tête fracassée, qui se groupent au pied de l'arc de triomphe de la porte Montmartre... Pauvres gens!... Quel tableau déchirant!...

— Un criminel, soupçonné sans doute d'avoir blasphémé le saint nom de Dieu, mangé de la viande un vendredi, ou douté peut-être de l'immaculée conception de la sainte Vierge, ou lu la Bible, a été arrêté et jeté dans un des cachots discrets de la sainte Inquisition. Il est couché sur le dos; les cordes qui étreignent ses poignets entrent dans les chairs; ses deux jambes, serrées dans deux solides madriers en chêne rapprochés par un écrou, sont broyées jusqu'à la moelle des os. Le malheureux se tord dans les horribles convulsions d'une agonie interrompue et habilement prolongée.

Ils sont là, groupés autour de lui, sept bons religieux, sept familiers du saint-office, pâles, silencieux, impassibles ..; l'un active le feu qui brûle la plante des pieds du patient, tandis qu'un autre, agenouillé, lui montre le ciel et l'exhorte à une contrition parfaite... C'est horrible!... Mais c'est pour son salut.

Cette scène de l'inquisition, de M. Robert Fleury, date de 1841. On pourrait la croire signée par Ribeira.

Cette année, le pinceau de M. Robert Fleury nous retrace d'une manière énergique et saisissante quelques pages historiques du moyen âge : son *Pillage d'une maison dans la Judecca de Venise* est une de ces horreurs qui se commettaient impunément, non-seulement à Venise, mais en France et sur tous les points de l'Europe.

« Sous le moindre prétexte, on courait au quartier des Juifs, on entrait dans leurs maisons, on pillait leurs richesses, et les débiteurs reprenaient les titres de leurs dettes. »

Je me suis bien souvent demandé, sans pouvoir me l'expliquer jamais, d'où provenait la haine des chrétiens pour les juifs.

Jésus, le Dieu des chrétiens, était Juif ; son père et sa mère étaient Juifs. Ses compatriotes ont refusé de croire en lui... était-ce donc leur faute s'ils n'avaient pas la foi et si la grâce ne leur était pas tombée du ciel?

Ce ne sont pas les Juifs, ce sont les Romains qui

l'ont condamné et mis à mort, comme ils ont persécuté plus tard ses disciples.

L'histoire des chrétiens est l'histoire des juifs ; ils sont forcés de puiser dans leurs livres saints les preuves de leur religion. Leur Dieu est le même à quelques détails près, leur morale est la même.

Les deux religions, nées ensemble sous les frais ombrages du paradis terrestre, doivent se retrouver face à face dans la grande vallée de Josaphat quand éclateront les terribles trompettes du jugement dernier...

Pourquoi donc cette haine violente et implacable après dix-huit siècles passés ensemble sur le même point du globe?

— Le *Corps de sainte Cécile apporté dans les catacombes*, de M. Bouguereau, est d'un dessin irréprochable : les personnages sont habilement groupés ; mais la vie et l'onction manquent complétement ; la douleur est tout entière dans les poses ; les visages ne disent absolument rien.

— Mentionnons, en passant, les *Environs de Montoire* de M. Busson, et deux très-bons paysages de M. A. Bonheur, le *Vieux chêne* et le *Col de Cabre*, qui nous ont paru rendus avec une grande vérité.

— Nous étions curieux de voir à quel point les *Exilés de Tibère* de M. Barrias justifieraient l'impression très-favorable qu'ils nous avaient laissée à l'exposition de 1850. Ils sont toujours d'un dessin ferme et vigoureux. La couleur est bonne, à part la mer, qui a poussé au bleu et ressemble trop à une décoration de théâtre.

Est-ce négligence ou difficulté d'exécution? nous ne saurions le dire; mais nous n'avons pas trouvé au Salon une seule marine traitée d'une manière complétement satisfaisante; elles laissent toutes à désirer plus ou moins pour la couleur ou le mouvement de la mer. Les Anglais nous ont semblé plus heureux en ce genre.

Le *Vieillard appelant sur Tibère la vengeance des dieux* est plein de noblesse et de dignité : la douleur, vraie sans exagération, est contenue et profondément sentie; son attitude est digne, son geste fier et imposant.

L'homme assis, les jambes pendantes, à la proue, est bien absorbé par la méditation et les calculs d'une vengeance terrible et implacable. Sa tête, arrondie sur les tempes, aplatie au sommet, annonce la ruse mêlée à une grande fermeté de résolution.

Au milieu, une femme pâle et blonde, enveloppée d'un manteau de couleur sombre, est absorbée dans un sentiment profond de jalousie et de désespoir. Mais le couple amoureux qui s'enlace avec un enfant gras et rose, couché sur les genoux de sa mère, nous semble contraire à l'idée générale du tableau, et nuire au sentiment d'intérêt et de pitié qui s'attache au sort de ces malheureux transportés. Puisqu'ils sont réunis, ces deux amants seront heureux, en quelque lieu qu'on les déporte.

— Quoique d'un intérêt moins saisissant, les *Exilés se rendant à Rome pour le jubilé de l'an* 1300, du même peintre, ont encore de rares et de précieuses qualités.

L'annonce du pardon ébranle toute la chrétienté : une foule immense se déroule dans les plaines de Rome, depuis la châtelaine montée sur son blanc palefroi, le baron en cotte de mailles et coiffé de son morion, jusqu'au pauvre pèlerin qui tombe à terre, prosterné dans un élan de foi et d'adoration enthousiaste.

A un coude de la route, la foule s'arrête en vue de la ville éternelle, et salue de loin le but de ses espérances, le terme de ses fatigues.

Cette toile, sobre de ton, est d'une couleur harmonieuse; le paysage nu, habilement disposé, a beaucoup de grandeur, et le ciel est d'une admirable limpidité.

Cette toile annonce un talent très-consciencieux, et nous a paru une des plus remarquables du Salon.

— Je présente mes excuses bien sincères à M. Corot; — son souvenir de *Marcoussis, près Montlhéry*, est d'une bonne couleur et d'une grande vérité : l'arbre a toutes ses feuilles.

— Nous n'aimons pas beaucoup la *Glorification de saint Louis*, de M. Cabanel. Les tons gris, secs et froids du tableau rappellent plutôt une fresque qu'une peinture à l'huile. Ces deux demoiselles représentant, l'une la Religion, l'autre le glaive de la Loi déposant une couronne d'épines sur la couronne d'or de saint Louis assis sur un trône doré, manquent complétement de poésie et d'élévation. Et puis, que demandent ces moines, ces pèlerins, ces chevaliers bardés, et ces femmes pâles, maigres et malades?

— Donnons un éloge sincère à M. Breton : ses *Glaneuses* et ses *Trois petites paysannes consultant un épi*, quoique d'un faire vague et noyé, sont bien étudiées, et accusent un grand sentiment de vérité.

— Il n'y a qu'un peintre en France qui égale la popularité de M. Paul de Kock, c'est M. Biard. Moins l'esprit et la gaieté, c'est le Paul de Kock de la peinture. Dire que le public se presse devant cette chose sans nom intitulée une *Soirée chez M. de Niewerkerke*, c'est donner une bien triste idée du goût pictural des amateurs à un franc.

— Je n'aime pas la *Petite Frileuse* de M. Guillemin : son mouvement est gauche, mal venu, son expression est minaudière et indécise. Son *Thésauriseur* est mieux étudié ; le type de la physionomie bretonne est bien senti et le costume est rendu avec une grande exactitude.

C'est aussi le caractère qui m'a le plus frappé dans *Un jour d'assemblée dans le Finistère* et le *Lendemain des noces*. M. Poussin a reproduit très-heureusement quelques-uns des costumes si pittoresques et si variés de cette partie de la Bretagne.

— Les *Seigles* de M. E. Lambinet sont un délicieux petit paysage. *Avant la pluie* est vigoureux de ton et admirablement éclairé.

— J'ai vu peu de têtes aussi suaves, aussi gracieuses, aussi admirablement vierges que le *Repos de la Vierge* de M. Landelle. *Il bambino* dort sur le sein de sa mère dans une pose gracieuse et vraie : les trois anges qui l'adorent à genoux ont une grâce et une pureté charmantes. Le ciel plaît moins, il devrait être radieux, éblouissant; il est terne, et ne laisse pas même pressentir l'aurore : l'on se demande d'où peut venir la lumière.

— Les *Écueils de la vie* rentrent dans la peinture allégorique et renferment un enseignement à l'usage de la jeunesse studieuse. Ce qui perdra ce petit monsieur au pourpoint noir, au feutre arrondi, ce seront selon toute apparence, les cartes, le raisin, les roses, les grenades, la guitare; mais, par-dessus tout, les demoiselles rouges et brunes, un peu trop décolletées. Pauvre enfant! Que lui veut cet homme mûr, rouge et chauve, qui le pousse par derrière? — Cette toile est signée Édouard de Beaumont.

— Les paysages de M. Rousseau et de M. Coignard sont trop connus et trop généralement estimés pour qu'il nous soit permis de leur consacrer nos éloges rétrospectifs.

— Une *Rue à Constantinople*, de M. Frère, nous rappelle Decamps pour la couleur ; cela est chaud et vigoureux de ton.

— Les papilles du palais s'épanouissent avec sensualité, l'eau vient à la bouche à regarder les *Fleurs* et les *Fruits* de M. Saint-Jean.

— La *Naissance de Notre-Seigneur Jésus-Christ* dans le siècle d'Auguste rentre dans la peinture allégorique, mystique et catholique : nous renonçons à décrire et à comprendre cette immense machine de M. Gérôme : c'est déjà bien assez de l'avoir regardée.

— Les chevaux de M. Janet-Lange sortent bien évidemment de l'atelier de M. Horace Vernet ; le quadrige de Néron disputant le prix de la course des chars nous rappelle la fameuse charge à fond de train de la *Smala*. Le Néron ne nous a pas paru assez solidement campé sur ses jarrets : les muscles des bras sont un peu grêles.

— Je ne comprends absolument rien au quadrige symbolique de la *Vision de Zacharie*, que M. Laëmlin a lancé à toute vitesse dans le ciel bleu de l'avenir. Mais il faut avouer que le sujet est traité d'une manière franche, large, vigoureuse et inspirée.

— M. Plassan a exposé cinq petites toiles qui ne sont pas sans valeur. La *Consultation* nous a semblé la meilleure des cinq.

Assis au chevet du lit, un médecin tâte le pouls d'une jeune femme malade, en suivant avec une profonde attention le mouvement des aiguilles de sa montre. En face de lui, une jeune femme cherche à lire sur la figure calme, sévère et impassible du docteur.

Les tons sont harmonieux, les détails traités avec le plus grand soin. La jupe de satin jaune de la jeune femme est habilement rendue : mais l'intérêt est faible, l'inquiétude de la jeune femme est plutôt grimacée que réellement sentie.

— M. R. Lehmann me paraît avoir bien compris et heureusement rendu la poésie de *Graziella*, un des plus beaux livres de M. de Lamartine.

— Les *Bords de la Creuse* annoncent chez M. Scheffer une étude sérieuse et un grand sentiment de la nature. Les arbres sont bien traités et la transparence de l'eau admirablement reproduite.

— Malgré la supériorité d'un talent incontesté, M. Cabat nous a semblé moins heureux dans le *Soir au lever de la lune*. Le bouquet d'arbres du premier plan est vigoureux de ton et d'un ensemble gracieux. Mais la lune a l'air d'avoir été placée après coup : sa lueur n'argente pas le ciel et ne teinte ni l'eau ni les lointains du paysage.

— « Henri III et le duc de Guise se rencontrent au pied du grand escalier du château de Blois, avant d'aller communier ensemble à l'église Saint-Sauveur, le 22 décembre 1588, veille du jour où le duc de Guise fut assassiné. »

Le sourire ironique et dédaigneux du duc, l'hypocrisie, la haine et la cruauté de Henri III sont profondément observés et très-habilement exprimés par M. Comte; les physionomies et les costumes sont d'une grande fidélité historique; mais les tons sont violents et criards : et les personnages ont l'air de suer, malgré la neige qui couvre le pavé de la rue et les toits des maisons.

Ce défaut est plus sensible encore dans l'arrestation du cardinal de Guise et d'Espignac.

— Ce qui me plaît surtout dans le talent de M. Hébert, c'est son mépris pour le papillotage des grandes draperies aux couleurs éclatantes, des accessoires qui attirent les ébahissements de la foule, et qu'en termes d'atelier on nomme des ficelles : c'est au fond du cœur, dans la nature, qu'il va chercher la poésie, le sentiment, la vérité.

Rien de plus charmant que les *Filles d'Alvito dans le royaume de Naples!* Deux jeunes filles pauvres, maigrelettes et mal vêtues, mais d'un beau type et d'une grande élégance de formes, descendent de la fontaine, portant sur leurs têtes deux grandes cruches de terre rouge. La plus jeune tient sur son bras son linge tordu et mouillé, et dans la main un morceau de savon : pour tout paysage, un grand rocher de marbre gris-bleu tombant à pic. La simplicité du sujet exigerait peut-être une toile d'une plus petite dimension.

— *Crescenza à la prison de San Germano* a une grâce et une expression d'une touchante naïveté.

La pauvre enfant ! comme elle est pâle, maigre, négligée, mal vêtue : comme elle a pleuré ! Poussée par la misère et la faim, sa mère aura volé, peut-être. Les gendarmes l'ont prise et jetée dans une prison, où tous les jours Crescenza vient la voir et l'embrasser à travers les barreaux.... et c'est tout.... Avec cela, M. Hébert a fait un tableau qu'il est difficile de regarder sans attendrissement.

— Dans les *Arabes à la fontaine* de M. de Valdrome, le paysage est chaud de ton et accuse un grand sentiment de couleur locale; seulement les personnages sont trop lâchés et ont la roideur et l'immobilité de statues à peine dégrossies.

Parmi les paysages qui nous ont plus particulièrement frappé, et qui tous se recommandent par de rares et précieuses qualités, nous citerons un très-beau paysage breton de Jules Noël ; un *Sentier dans les bois,* traité d'une manière franche et large, par M. Louis Leroy ; les *Environs du Caire*, de M. Beschère ; un *Bois*, de M. Legentil ; un *Herbage au bord de la mer*, de Desjobert ; les *Bords de la Seine*, par Lafaye ; un *Vallon*, par M. Leroux. Nous préférons surtout du même peintre un *Ruisseau dormant sous de grands arbres*, dont les branches emmêlées forment une voûte d'une fraîcheur délicieuse.

Une *Mare au bord de la mer*, par M. Daubigny, est plutôt une ébauche qu'une toile terminée ; son *Ecluse dans la vallée d'Obtevez* est très-franche de manière et vigoureuse de ton.

A travers les branches longues et maigres des saules et des peupliers, le soleil rit dans le ruisseau tranquille et transparent comme une glace, qui arrose *un pré à Valmondoir* par le même peintre.

Les *Bords d'un étang*, par Bodene : les masses sombres des chênes se découpent sur un ciel bien éclairé ; une *Matinée*, de M. Achard ; une *Habitation normande*, de M. Desjobert ; un *Effet du matin dans les environs de Noyon*, par M. Prou ; le *Soleil levant*, de M. Kearn ; un *Coucher de soleil* vu par M. Véron à travers les troncs centenaires des grands chênes de la forêt de Fontainebleau.

Nous n'aimons pas beaucoup le faire mou, vague et indécis de M. A. Leleux. Les *Jeunes pâtres conduisant leurs bêtes au pâturage* sont, de toutes ses toiles, celle qui nous a paru préférable.

— M. Millet nous a semblé, cette année, moins

heureux qu'aux Expositions précédentes. Son *Paysan greffant un arbre* a l'air d'un automate à peine dégrossi à coups de hache. La femme est beaucoup mieux, elle est taillée avec un couteau.

— La *Réflexion*, par M. Motet, est trop vraie et trop étudiée pour n'être pas un excellent portrait.

— Sous le titre : les *Souvenirs du passé*, M. Célestin Nanteuil a exposé une des idées les plus ingénieuses et les plus spirituelles du Salon.

Un vieillard d'une soixantaine d'années, le coude sur les genoux, le menton dans la main, tourmente avec ses pinces deux tisons qui brûlent nez à nez dans la triste et froide cheminée d'une pauvre masure aux solives noircies, aux murailles nues et enfumées, pendant que son dîner cuit dans une grande marmite en terre, que son chien dort à ses pieds, le museau sur ses pattes allongées.

Le passé de ce vieillard se déroule en scènes dramatiques.

Tombé au sort à vingt ans, nous le voyons un peu plus tard, sous l'uniforme de cuirassier, égorger et sabrer au milieu d'un nuage de poudre.

Plus tard, sa vie est accidentée par toutes les passions qui affligent notre pauvre humanité : un groupe de jeunes filles trompées et délaissées; un rival tué en duel; une jeune mère meurt en serrant son enfant dans ses bras : une autre mère abandonnée tend en suppliant son enfant vers lui : — une jeune fille pleure sa honte, la figure cachée dans les deux mains, aux genoux de sa mère, pauvre vieille qui file sa quenouille, en fixant sur son séducteur un regard fixe et irrité; toutes ces scènes, largement indiquées nous retracent les divers épisodes de sa vie amoureuse. Plus tard, ruiné par les femmes et par le jeu, il s'embarque, fait naufrage et se sauve à la nage sur un débris de son navire.

Tous ces souvenirs pénibles se pressent sous les plis de son front douloureusement contracté.

Le fusil de chasse déposé au coin de la cheminée; les guêtres de cuir serrant le bas d'un pantalon usé et rapiécé; une mauvaise veste bleue, à manches et collet de velours noir passé; deux bouquins dépareillés, au milieu d'une vaisselle de poteries communes, nous montrent, pour dénoûment d'une vie follement agitée, la pauvreté, l'isolement et les remords...

— Une *Vision de Charles IX* a inspiré à M. Henry Scheffer une scène d'un grand intérêt dramatique.

D'une pâleur livide, le front couvert d'une sueur glacée, l'œil hagard, désespéré, le roi Charles IX vient de tomber dans une des salles du Louvre : une de ses mains crispées déchire, en s'y cramponnant, la tenture fleurdelisée, et l'autre, armée du crucifix, repousse les pâles fantômes des malheureux qu'il a fait égorger dans la nuit de la Saint-Barthélemy.

L'histoire de notre pays est souvent d'une injustice et d'une partialité révoltantes. Ainsi, pour une tuerie qui n'a duré qu'une seule nuit, l'histoire a flétri Charles IX, son nom a mis une tache de sang et de boue au front resplendissant de la royauté : et malgré les dragonnades des Cévennes, le pillage et l'incendie du Palatinat, la postérité a élevé des statues de marbre et de bronze au roi Louis XIV, et l'histoire lui a décerné le titre pompeux du plus grand des rois !...

Pour apprécier convenablement le talent d'un peintre, il serait indispensable d'étudier successivement chacune de ses toiles, de les comparer entre elles et de constater ses progrès ou ses défaillances : par malheur, la classification adoptée par la commission des beaux-arts nous a rendu cette tâche à peu près impossible : il faudrait des recherches de plusieurs journées pour retrouver les divers tableaux d'un même peintre, disséminés çà et là, au hasard, dans les galeries et les salons de l'Exposition. Ainsi la critique de quelques lignes que nous avons faite d'une *Vue prise aux environs de Naples*, nous a rendu, sans le vouloir, injuste envers M. Bellel. Sa *Fuite en Égypte*, que nous trouvons aujourd'hui, nous paraît avoir de grandes qualités. Les terrains du premier plan sont solides et bien étudiés ; le paysage a de la profondeur, l'ensemble est harmonieux ; seulement nous le voudrions baigné d'une atmosphère plus chaude.

L'observation que nous faisons à propos de M. Bellel pourrait s'appliquer à tous les artistes d'un ordre secondaire : ainsi tout l'avantage reste aux maîtres, dont les œuvres sont groupées avec art et arrangées de manière à former un ensemble harmonieux.

Dans le *Camp d'Ambleteuse*, M. Jeanron a indiqué deux troupiers faisant l'aumône à une mendiante chargée de deux enfants. Plus loin, d'autres troupiers causent assis derrière les tentes du camp que l'on voit sur le troisième plan. Cette toile a des qualités incontestables : le ciel est chaud ; les tons rougeâtres du sable sont bien rendus ; mais il me semble que le sujet gagnerait à être réduit à des proportions plus exiguës.

Les costumes de ses *Bergers bretons* ont bien pu être achetés à Quimper ou à Rosporden ; mais vous courrez les cinq départements de la Bretagne avant de rencontrer rien qui ressemble à une de ces physionomies.

Je ne connais, à vrai dire, que deux peintres qui aient bien compris la physionomie du Berzonneck et l'aient réellement rendue : ce sont MM. Luminais et Penguilly.

Le premier a exposé trois tableaux : la *Leçon de plain-chant*, le *Grand Carillon*, et les *Dénicheurs d'oiseaux de mer*, qui, tous trois, ont un grand cachet de vérité.

Dans le premier, un jeune Berzonneck, grimpé sur un rocher, déniche des oiseaux de mer et les place dans un panier que lui tend une petite fille; à côté, un pêcheur d'une douzaine d'années est assis les jambes nues et pendantes; une jeune fille du même âge donne des sardines à une nichée de mouettes. Le ciel est pointillé par un nuage épais de mouettes et de courlis volant autour des acteurs impassibles de cette petite scène d'un naturel charmant. Les costumes et les physionomies sont vrais et très-bien observés.

M. Penguilly, lui aussi, a très-bien compris et habilement rendu la physionomie particulière et tout exceptionnelle du Berzonneck.

Les deux *Binious bretons* sont une petite scène d'une simplicité armoricaine: sur les bords de la mer, le long d'un étroit sentier semé de galets, un maître sonneur donne des leçons à son élève. De longues mèches de cheveux roides et plates s'échappent d'un petit chapeau de feutre rond enrubané et orné de chenilles et d'agréments en plomb, et tombent sur un *chupen* gris bordé de soie brune. Une large ceinture en cuir à boucle de cuivre presse un *corph-gileten* de tiretaine brune; mal tenu sur les hanches et laissant voir la chemise, son *bragoubras* de toile blanche se boutonne aux jarrets sur de longues guêtres de toile blanche brodées de coton rouge.

Le vêtement de l'élève est en drap bleu avec broderies et agréments en soie rouge. Ce petit tableau, d'une grande vérité locale, nous a paru le meilleur des cinq exposés par M. Penguilly.

La *Fin de l'hiver* est un très-beau paysage de M. Français : le soleil, qui se couche à l'horizon, rouge et déjà chaud, à travers les squelettes des branches dépouillées, est d'un effet admirable. Son *Paysan battant sa faux*, assis sur une roche au milieu d'un champ de blé mûr, est aussi d'une grande vérité de couleur et d'observation.

Citons en passant les *Châtaigniers d'Aulnay*, de M. Cibot; les *Bords de la Vienne*, et le *Bois* près Saint-Hilaire-le-Château, de M. Jules André.

Sur le premier plan, formé de madriers solidement reliés entre eux, une douzaine d'hommes dirigent un long *Train de bois descendant le Rhin*, les uns penchés sur les rames, les autres, la poitrine labourée par de longues perches enfoncées dans la vase.

Les personnages sont bien jetés, les mouvements naturels ; l'eau du Rhin, légèrement clapoteuse, a de la transparence ; le ciel, lourd, noir et gris, donne à cette scène un ensemble harmonieux et tranquille : seulement les vêtements de toile blanche des bateliers attirent un peu trop l'œil ; je les voudrais un peu plus fondus dans la dernière teinte : en somme, ce tableau de M. Brion est d'une grande vérité de couleur et de mouvement.

Un *Jour de Fête-Dieu*, du même peintre, gagnerait beaucoup, ce me semble, à être éclairé par un chaud rayon de soleil.

Des enfants, très-gracieusement groupés, couronnent de bluets, de marguerites, de myosotis et de coquelicots un Christ en pierre élevé au milieu des champs. Cette petite toile est d'un effet agréable. Nous aimons moins la *Source miraculeuse*, dont le faire nous a paru un peu mou et lâché.

Décidément M. Glaize paraît avoir une grande préférence pour les allégories. Sur le premier plan, un jeune homme, le bras arrondi autour de la taille d'une jeune fille, lui montre *Ce qu'on voit à vingt ans*. Des femmes, diversement groupées de l'autre côté d'une rivière, symbolisent le temps à parcourir. Je crois me souvenir, en effet, qu'à vingt ans un jeune homme voit dans le lointain de ses rêves des groupes charmants de jeunes filles peu ou point vêtues, tourbillonner sur les gazons verts, à l'ombre, au bord des ruisseaux... Mais il n'y a rien qui puisse séduire ou intéresser bien vivement l'imagination d'une jeune fille de vingt ans.

Pour nous, du moins, cette idée manque de clarté.

Les *Rives de la Seine avec ses endiguements près*

de Villequier, par M. Hostein, est un très-beau paysage, qui, pour le fini et le rendu des détails, se rapproche beaucoup de la manière des peintres anglais.

Le rocher du premier plan, couvert de mousse, hérissé de ronces et panaché de taillis, est d'un joli effet. On voit trembler les feuilles de hêtres et de peupliers, légèrement découpés sur le ciel bleu.

Un autre tableau, que l'on a aussi placé dans le prolongement de la galerie conservée à la Grande-Bretagne, parce qu'il se rapproche beaucoup de la manière anglaise, c'est *Érasme chez sir Thomas Morus*. Les étoffes, les bahuts, les boiseries, les tentures en cuir de Cordoue, le bahut de chêne sculpté, recouvert de sa touaille garnie d'une large dentelle, les coffrets à fermeture d'acier poli, les vases d'or et d'ivoire sculptés et fouillés, sont rendus avec un soin, une patience et une habileté que l'on rencontre rarement chez nos artistes, qui sacrifient volontiers les accessoires sous prétexte de concentrer l'intérêt de la scène sur les personnages.

Ici l'intérêt est nul, ou peu s'en faut.

Le profil d'Érasme se détache avec la netteté de la gravure d'Holbein sur les rideaux de soie rouge frangés d'or qui laissent voir, en s'écartant, la fenêtre à petites losanges encadrées de plomb. La femme de Thomas Morus est accoudée sur le fauteuil de son mari ; le père et l'enfant ont l'air d'écouter la lecture de cette amplification latine avec plus de politesse que de satisfaction.

— M. Philippoteaux, en groupant avec une certaine coquetterie quelques uniformes galonnés de gardes-françaises, un affût de canon et des planches déchirées par les boulets, ne nous donne qu'une idée faible et incomplète du *Champ de bataille de Fontenoy* visité la nuit par le roi Louis XV. La lueur rouge des torches, la teinte verdâtre projetée par la lune à moitié cachée dans les nuages, ont un caractère plus romanesque que lugubre et imposant.

M Yvon a mieux compris et admirablement rendu un des épisodes terribles de la retraite de Russie.

« Ney, que tout abandonne, n'abandonne pas son poste ; il ramasse un fusil et redevient soldat. Il combat à la tête de trente hommes, reculant et ne fuyant pas, marchant après tous les autres, soutenant jusqu'au dernier moment l'honneur de nos armes, et, pour la centième fois, depuis quarante jours et quarante nuits, risquant sa vie et sa liberté pour sauver quelques Français de plus .. »

Moscou brûle dans le lointain; un tombereau brisé, des casques, des fusils, des cadavres roidis à moitié recouverts par la neige annoncent une halte la nuit dans la neige.

Une mère épuisée de fatigue presse contre son sein

ses deux enfants mourants de faim et de froid, et tend des bras suppliants vers une lourde charrette pleine de femmes et de blessés qui se fraye lentement un passage à travers les plaines couvertes de neige, empor-portant sa dernière espérance.

Un vieux grenadier tombe en se roidissant dans une convulsion désespérée, à côté d'un cuirassier qui attend la mort enveloppé dans son manteau.

En face, le maréchal Ney, à la tête d'un groupe de trente soldats de toutes armes, affublés de costumes et de travestissements qui seraient grotesques s'ils n'étaient sublimes, repousse un détachement de Cosaques qui fond sur eux à bride abattue.

Cette toile, d'une brosse large, vigoureuse et vraie jusqu'à la brutalité, rappelle les horreurs déchirantes du *Naufrage de la Méduse*.

Oh! la guerre!

La guerre : le massacre, la tuerie de sang-froid, sans la vengeance, sans la haine ou la colère aveugle pour en dissimuler l'horreur.

Un homme tombe : ses camarades l'enlèvent; la tombe le recouvre et tout est dit... Non pas... Sa famille l'attend, le pleure et souffre longtemps.

Que d'amours, de soins, de caresses et d'espérances se sont posés pendant vingt ans sur la tête la plus obscure!

Cent mille hommes, un million d'hommes, s'égorgent sans se connaître, sans savoir pourquoi ils s'entre-tuent...

Que produira la terre arrosée de tout ce sang si jeune, si précieux ?...

Des toiles peintes, des statues de marbre ou de bronze, et quelques pages glorieuses dans notre histoire...

Nous avons revu avec un plaisir infini une délicieuse petite toile de M. Cibot, déjà cité à propos de ses *Châtaigniers d'Aulnay* : cela s'appelle les *Beignets*, un titre charmant. Tout le dix-huitième siècle dans une toile de quelques centimètres carrés ; c'est merveilleux !

Il y a plusieurs manières d'écrire l'histoire : les écrivains sérieux nous racontent les intrigues politiques, les traités diplomatiques, les batailles, la naissance, le mariage et le décès des princes. Les mémoires ont le grave inconvénient de nous offrir une personnalité qui se fait le centre du mouvement social, s'attribue les mots heureux, les aventures les plus charmantes, et une importance exagérée le plus souvent jusqu'au ridicule.

Je ne connais que deux hommes qui aient bien

compris et spirituellement écrit l'histoire du dix-huitième siècle : c'est Boucher et M. Cibot.

Ce qui fait du dix-huitième siècle une époque tout à fait exceptionnelle, ce qui lui donne un cachet particulier, c'est l'esprit. On aime, on mange, on cause et l'on s'habille avec esprit.

Le plaisir devient la seule chose sérieuse de la vie : on s'y jette avec frénésie, on le poursuit partout : la vie est si courte ! On l'effeuille en courant, en riant.

L'amour est un ridicule, la débauche devient de la galanterie. Le vice est du meilleur goût et s'affiche avec une nonchalance, un laisser aller admirable ;

L'amitié, une causerie de quelques instants, qui se termine par une raillerie ou un coup d'épée ;

Le bruit, le luxe, les équipages, le jeu, la chasse, les dentelles et les diamants, les bons mots et les aventures scandaleuses ; voilà les grandes affaires.

Tous ces gentilshommes ignorants et spirituels, insolents et polis, pauvres et d'une prodigalité folle, mettent leurs plus beaux habits, leurs plus riches dentelles le matin d'un duel ou d'une grande bataille.

Que d'histoires adorables à écrire avec le pinceau !

Les *Beignets* de M. Cibot nous font mieux connaître le dix-huitième siècle que les curieux gros volumes d'histoire.

La scène se passe un matin, je ne sais où, dans un boudoir de Trianon, de Choisy, de Sceaux ou de l'île Adam.

Louis XV, debout, accoudé sur une cheminée de marbre blanc veiné, rehaussée d'agréments de cuivre doré, offre un plat de beignets à mademoiselle d'Humières. La jeune fille, assise sur le bord d'un grand fauteuil de tapisserie, repousse doucement le bras tendu vers elle, en fixant sur son royal amant un long regard d'une tendresse infinie.

A côté, debout aussi, légèrement appuyée sur un écran, une dame d'âge et de figure respectables, qui joue dans cette scène le rôle sacrifié de madame de Maintenon auprès de madame de Montespan, tient pour contenance les poésies de Dorat ou du chevalier de Boufflers; mais son œil, glissant sur les pages du livre, va se perdre dans une vague rêverie qui lui rappelle des souvenirs doux et tristes à la fois.

Pour l'observateur vulgaire, c'est tout; mais, pour celui qui sait voir et regarder, que de choses dans cette scène à trois personnages, dans l'air distrait et préoccupé de l'amant, dans la pâleur charmante de la jeune fille, dans ce corset de satin qui s'entr'ouvre comme une rose au soleil, dans ce fichu négligemment jeté sur les épaules, et qui n'a plus, hélas! de mystères pour l'amant heureux!... Que de grâce et de coquetterie dans les moindres détails! Avec quel art tout est disposé pour la lecture de ce joli roman du cœur, dont le dernier chapitre ne s'achève jamais sans être mouillé d'une larme de regret!

Quel nid délicieux pour abriter les amours!

Le boudoir est de forme circulaire, voûté en calotte. Au fond un tableau peint par Pierre représente Hercule dans les bras de Morphée éveillé par l'Amour.

Les murs sont de glaces, recouvertes de gaze d'un rose tendre, jointes par des arbres dorés, massés, sculptés et fouillés avec une légèreté admirable, et servant d'encadrement à des sujets galants exécutés par Hallé, sur les dessins de Gilot.

Un lit de repos, à crépines de soie verte et or, est mystérieusement abrité dans le demi-jour d'un cintre dont le pourtour et le plafond sont tendus de glaces.

Le parquet est de bois de rose, à compartiments; les lambris et les dessus de porte sont chargés de fleurs, de fruits, de groupes amoureux et de colombes qui se becquettent, au milieu de guirlandes et de médaillons, dans lesquels Boucher a peint en camaïeux de petits sujets galants.

En face de la porte, une toilette d'argent ciselée par Germain, noyée dans un nuage de mousseline des Indes, brodée et ornée de glands en chaînettes, de jolis bronzes, des porcelaines de Chine, de Saxe et du Japon, sont placés avec un goût exquis sur des tables de marbre en console, placées au-dessous des glaces.

Des fleurs baignées encore de la rosée du matin s'épanouissent dans des jattes de porcelaine gris-bleu rehaussées d'or.

Par la fenêtre donnant sur les jardins, on voit dans le lointain les lilas de Perse, les roses de Bengale, des statues de Flore et Pomone, et tout au fond, dans les demi-teintes, des ifs taillés en massifs, et un berceau de tilleuls rangés et amputés avec une inflexible symétrie. Que de souvenirs gracieux pourtant M. Cibot nous a rappelés, à propos d'une assiettée de beignets!

DÉCRET DÉTERMINANT LES RÉCOMPENSES A DÉCERNER A LA SUITE DE L'EXPOSITION UNIVERSELLE DE 1855.

Dispositions spéciales relatives aux beaux-arts.

Art. 11. Les récompenses à décerner par les trois classes du jury des beaux-arts sont les suivantes :

1° Médaille de 1re classe, en or;
2° Médaille de 2e classe, en or;
3° Médaille de 3e classe, en or;
4° Mention honorable.

Art. 12. En outre des récompenses énoncées en l'article 11 ci-dessus, il pourra être décerné, dans chacune des trois classes des beaux-arts, aux artistes qui se seront fait remarquer par des ouvrages d'un mérite éclatant, une grande médaille d'honneur de la valeur de cinq mille francs.

Les grandes médailles d'honneur ne pourront être décernées que par l'assemblée générale des membres composant les trois classes du jury des beaux-arts.

Art. 13. Le nombre des médailles d'honneur et celui des médailles à décerner par chaque classe du jury des beaux-arts seront déterminés par le président de la commission impériale, sur la proposition du président du huitième groupe, après discussion en assemblée générale des membres des trois classes le composant.

Art. 14. La valeur totale des récompenses à décerner par les trois classes du jury des beaux-arts pourra s'élever à la somme de cent cinquante mille francs.

Art. 15. Indépendamment des récompenses à décerner par les trois classes du jury des beaux-arts, nous nous réservons, sur la recommandation de l'assemblée générale des jurés des trois classes, d'accorder des marques spéciales de gratitude publique aux artistes exposants qui nous seront signalés pour leur mérite hors ligne ou pour de grands services rendus aux arts.

SOUS PRESSE

LA TROISIÈME LIVRAISON.

Peinture étrangère. — Sculpture. — Gravure. — Aquarelle, etc.

www.ingramcontent.com/pod-product-compliance
Lightning Source LLC
LaVergne TN
LVHW010618110826
845149LV00003B/971

* 9 7 8 2 0 1 9 9 9 9 6 9 8 *